ARMONÍA
EN EL HOGAR

ARMONÍA EN EL HOGAR

Un estudio de las relaciones de la familia cristiana

por
James D. Hamilton
Sicólogo clínico

cnp

Publicado por
Casa Nazarena de Publicaciones
17001 Prairie Star Parkway
Lenexa, Kansas 66220 USA

Originalmente publicado en inglés con el título:
Harmony in the Home
Copyright © 1977 James D. Hamilton
Printed with permission of
James D. Hamilton, Austin, CO USA
All rights reserved.

Traducido al castellano por Ene Trentoi

Reimpresión 2009

ISBN 978-1-56344-421-0

Dedicatoria

Dedico este libro a
Carol, Galen, Mark, Lisa
quienes viven con éxito a pesar del
matrimonio de sus padres.

Contenido

Prefacio

La familia vive una crisis. Cada año más de un millón de divorcios dejan oír en lenguaje legal, las exequias del amor que murió. Por cada hogar derrumbado hay muchos más en estado de cuarteadura, hogares donde existe la condición sicológica del divorcio. Un espantoso número de hogares viven con el padre o la madre solamente debido a una variedad de razones sin sentido. Miles de hogares están experimentando angustia mental porque sus hijos huyeron, y no se les puede persuadir a que regresen ni por amor ni por ley.

Aun cuando la institución del hogar no ha muerto y nunca morirá, está enferma, desesperadamente enferma. La enfermedad es de proporción epidémica. No hay un hogar que esté inmunizado contra esta epidemia, aunque algunos hogares son un poco menos susceptibles a sus destrozos. Estos son los hogares cristianos.

La tesis de este libro es que el hogar cristiano tiene la más grande garantía para sobrevivir y prosperar. Es así porque el hogar cristiano se edifica sobre la premisa de que hay una dimensión divina en la empresa terrenal de formar una familia.

El propósito de este libro es demostrar cómo los principios fundamentales de la palabra de Dios y los ideales de la fe cristiana pueden utilizarse en la formación de mejores hogares.

Quiero expresar mi agradecimiento a mi amigo y compañero, el doctor Chester G. Galloway, por el análisis de altura al material de este libro. Sus observaciones y crítica fueron de mucho valor y ayuda.

Mi gratitud también a la señorita Judy Lawlor quien pasó muchas horas escribiendo el manuscrito.

JAMES D. HAMILTON

CAPÍTULO I

Religión y relaciones

Dios nos ha hecho para él y para cada uno de nosotros. Nuestras vidas se centralizan en relaciones y sin ellas nuestras vidas carecerían de significado. La cualidad de la vida se puede medir por la calidad de nuestras relaciones con Dios y con los demás. Cuando son sanas, podremos funcionar mejor. El propósito de este libro es demostrar que las buenas relaciones producen vidas saludables en lo físico, emocional y espiritual.

El interés de Dios en las relaciones

La Biblia es un libro de texto sobre relaciones. En toda ella Dios revela un profundo interés en las relaciones. En este capítulo extraeremos esta idea del libro de los Efesios. En esta epístola notamos dos clases de relaciones: la vertical y la horizontal.

1. Relaciones verticales (Dios-hombre)

Efesios 2:4-8 nos habla del acto misericordioso de Dios al relacionarse con nosotros por medio de Jesucristo. Nuestra relación con Dios como una raza humana se interrumpió por el pecado en el jardín del Edén. La relación original no carecía de nada. La Biblia dice que Dios y el hombre caminaban juntos en la frescura de la tarde (Génesis 3:8). El pecado destrozó la hermosura de esa amistad y causó el alejamiento. El deseo de Dios de relación terminó en separación y aislamiento.

La gracia cambió eso. El Dios todopoderoso, cuya obra de la creación culminó haciendo al hombre a su imagen, no podía tolerar la separación de quien era el objeto de su cariño. Por eso envió a su Hijo a traer salvación. La salvación no fue solo algo que Dios hizo para el hombre; fue algo que él hizo para sí mismo. Restauró para él la relación que había deseado desde la aurora de la creación. De toda la creación de Dios, solo el hombre ofreció la oportunidad de relación. Por eso se sacrificó a uno por muchos. Dio a su Hijo para ganar muchos más.

2. La relación horizontal (persona-persona)

Efesios no solo trata de una relación vertical, trata también con una relación horizontal. Hay cinco clases diferentes de la misma. Examinémoslas.

a. *Racial-religiosa* (Efesios 2:13-19; 3:6).

Estos versículos describen la división que se fomentó entre judíos y gentiles. Estaban divididos por diferencias de raza y de religión. El acto salvador de Dios en Cristo no solamente dio salvación a cada uno de estos grupos, sino que también trajo sanidad *entre* ellos. La religión en las relaciones va siempre en dos direcciones: vertical y horizontal.

b. *Cristiano-con-cristiano* (2:1-6).

Este pasaje enseña cómo la gracia de Dios nos halló muertos en nuestros pecados. Por medio de la salvación en Cristo fuimos resucitados para que "nos sentemos en lugares celestiales con Jesucristo" (v. 6).

c. *Esposo-con-esposa* (5:22-33).

Este maravilloso pasaje da instrucciones específicas a las esposas (22-24) y a los esposos (25-31). También compara las relaciones de los esposos con la relación que existe entre Cristo y su iglesia. El versículo 33 es un resumen que va al corazón mismo de la relación marital. Dice: "esposos, amad... esposas, respetad".

d. *Padres-con-hijos* (6:1-4).

Pablo menciona aquí instrucciones específicas para los hijos (vv. 1-3) y también para los padres (v. 4).

e. *Empleado-con-patrón* (6:5-9).

En estos versículos Pablo trata con el mundo trabajador. La versión Reina Valera emplea los términos "siervos" y "amos" pero muchas traducciones utilizan "empleado" y "patrón".

Al observar estas cinco clases de relaciones, resulta claro que Dios está profundamente interesado en todas las siguientes áreas de encuentro de persona a persona: Raza, religión, iglesia, hogar y trabajo. Como podemos ver, muy poco ha quedado en cuanto a nuestras relaciones humanas sobre lo que Dios no nos instruya.

Las metas de Dios para las relaciones

Efesios nos dice con claridad las metas principales que Dios tiene para nuestras relaciones. Estas son paz y unidad. Examinémoslas.

1. *Paz* (Efesios 2:13-15)

Este pasaje nos enseña cómo Cristo puso fin al viejo conflicto entre judíos y gentiles. Lo que sucedió cuando este conflicto terminó es un patrón de lo que puede pasar en cualquier relación. La separación que los había dividido fue abolida por Cristo quien "es nuestra paz" (v. 14). Él hizo paz uniendo a dos entidades separadas, "así haciendo paz" (v. 15). La meta de Dios para nosotros es unirnos donde hay discordia, unidad donde hay división, y compatibilidad donde hay enemistad. Para crear armonía de la desunión, o unidad de la separación, se necesita la gracia mediadora y redentora de Cristo. Solamente Cristo quien *es* paz puede *producir* paz. Él puede tomar dos facciones en conflicto, separadas por odio

13

y disensión, y hacer de "los dos un nuevo hombre" (v. 15). Esto es un triunfo de la gracia.

2. Unidad (Efesios 4:20-5:2)

Este pasaje es un estudio de contrastes. Los versículos 22 al 31 enseñan cómo le repugna a Dios la división causada por el pecado. La sección 4:32 a 5:2 enseña el amor de Dios por la unidad que la gracia puede producir. El propósito de Dios es "que todos lleguemos a la unidad de la fe y del conocimiento del Hijo de Dios, a un varón perfecto, a la medida de la estatura de la plenitud de Cristo" (4:13).

La paz y la unidad no solo son propósitos de Dios, sino también lo que el hombre necesita. Todos nosotros anhelamos unas relaciones íntimas que estén caracterizadas por estas bendiciones gemelas. Si el organismo humano vive continuamente en una atmósfera de división e inquietud, puede originar problemas emocionales, físicos y espirituales. Por el contrario, cuando nos encontramos en una atmósfera de cariño, estamos en vías del máximo crecimiento y desarrollo.

Dirección de Dios para las relaciones

Las metas de Dios para las relaciones –paz y unidad– pueden obtenerse solamente si seguimos su dirección. Si buscamos esas direcciones y las seguimos, nos encaminarán infaliblemente a las metas que Dios ha creado para nosotros. Examinemos estas direcciones.

l. Cristianos... someteos

Dios enfatiza la necesidad de sujeción en la vida cristiana: "Someteos unos a otros en el temor de Dios" (Efesios 5:21). La sumisión cristiana es antitética a la naturaleza básica del "hombre natural". Esto es, no hay nada en nuestro estado pecaminoso que nos haga someternos voluntariamente unos a otros. En realidad, sucede lo contrario. En lugar de someternos unos a otros, la inclinación es dominar al otro. Se ha dicho, con claridad, que vivimos en un mundo de perros y gatos. La regla de oro es: "hazlo a otros antes que ellos te lo hagan a ti". El mandato cristiano es cambiar esta tendencia natural y someterse el uno al otro. Notemos que el llamamiento es a la voluntad del hombre: *"sujetaos* unos a otros en el temor de Dios". Esto quiere decir que es una decisión de la voluntad hecha a ojos abiertos.

La sumisión no es solo hacia una dirección. Tenemos que someternos *unos a otros.* La relación cristiana se caracteriza por una sumisión mutua. Al seguir esta dirección estaremos a salvo de relaciones desequilibradas donde uno demanda siempre, mientras que el otro solo complace. Semejante desequilibrio es inadecuado en lo bíblico y en lo sicológico.

Veamos el aspecto volitivo de la sumisión. Al ponerlo en el nivel de la voluntad nos salva del engaño de nuestros sentimientos y emociones. Una sumisión basada en sentimientos no será satisfactoria porque con frecuencia no *sentimos* que debemos someternos a otros. Tenemos que someternos sea que lo queramos o no. Ha de ser cuestión de albedrío, un deliberado escogimiento que en ocasiones, está en oposición directa a nuestros sentimientos.

El juzgar no toma el lugar de someterse. Si el otro no se somete, ese es *su* problema entre él (o ella) y Dios. Si usted no se somete, ese es problema de *usted* que tiene que arreglar con Dios.

2. Casadas... sumisión y respeto

La dirección para las esposas es doble: De sumisión y de respeto. Aunque es responsabilidad de todos los cristianos someterse uno al otro, a las esposas se les instruye específicamente a hacerlo. Mucho se ha dicho últimamente en oposición a este principio bíblico. Y aunque hay alguna justificación de que algunas mujeres se irriten con este requisito (con frecuencia como resultado de falta de entendimiento del rol del hombre), debemos recordar que esto es mandato de Dios, no de los hombres.

Someterse es reconocer el interés de Dios en este asunto de la autoridad. Él nos dice con claridad que el hombre es la cabeza de la mujer. Ha dicho también de igual manera *cómo* debe ser ejercida esa autoridad: "así *como Cristo es cabeza de la iglesia*" (Efesios 5:23).

Si los esposos pudieran entender que su papel como cabeza de la esposa no es el de un tirano o dictador, habría menos mujeres que se irritan por el requisito de Dios de someterse a la dirección de su esposo. Todavía mejor, si más hombres estudiaran con más cuidado la *manera* en la que Cristo es la cabeza de la iglesia, menos mujeres tendrían problemas para someterse.

Un segundo requisito para las esposas es que respeten a sus esposos. La palabra utilizada en la versión Reina Valera es "reverencia". Esto quiere decir respetar y reconocer el valor y la autoridad del esposo. Una de las más profundas necesidades sicológicas del hombre es ser estimado por su esposa. El concepto que la esposa tiene del esposo se convierte en el concepto que él tiene de sí mismo.

El respeto que al hombre se le da fuera del hogar no es un sustituto por el respeto que él necesita en su hogar. Aunque a todos les gusta que los demás los "mimen", esto se vuelve secundario frente a la necesidad que tenemos de recibir el respeto debido de los que tienen una relación íntima con nosotros. Esto resulta especialmente cierto para el hombre. Por eso Dios ha dado este mandato inequívoco a las esposas de que respeten a sus esposos (Efesios 5:33).

3. Esposos... amad

La dirección para los esposos es que amen a sus esposas (Efesios 2:25, 28, 33). Dios sabe que toda esposa necesita el amor de su esposo. Por eso ordenó que los esposos amen a sus esposas.

Recordemos que es un *mandamiento*. Quizás nos preguntemos cómo el amor –algunas ocasiones considerado como la emoción humana más profunda– puede ser objeto de un mandato. Resulta difícil comprenderlo si uno tiene solo el concepto romántico del amor. El punto de vista romántico del amor lo pone en el nivel de los sentimientos (emociones). Las emociones son difíciles, a veces imposibles, de dominar.

Dios no nos manda dominar nuestros sentimientos, pues eso nos pediría hacer lo que en muchas ocasiones somos incapaces de hacer. Su mandamiento para los esposos de amar a sus esposas es un mandamiento en favor de un comportamiento amoroso. Es posible comportarse con cariño aunque uno *no sienta* ganas de hacerlo. Por supuesto, un concepto completo de amor incluirá tanto una acción como un sentimiento de amor. Cuando estas dos dimensiones de amor se comunican a la esposa, ella se siente muy segura.

El hombre tiene que recordar que el Señor mismo nos dio el patrón para el amor. Hemos de amar *como* Cristo amó a la iglesia. Es un amor que tiene como su centro el darse a su esposa: "como Cristo amó a la iglesia y se *entregó* a sí mismo por ella".

El mandamiento para las esposas de someterse y respetar, y el mandamiento para los esposos de amar, pueden cumplirse mejor en una relación en que cada uno intenta sinceramente lograr una buena relación. En otras palabras, es más fácil para la esposa someterse y respetar, si al mismo tiempo ella recibe amor de parte de su esposo. Lo opuesto es también cierto.

4. Niños... obediencia y honor

La dirección para los hijos es obedecer: "Hijos, obedeced en el Señor a vuestros padres, porque esto es justo. Honra a tu padre y a tu madre" (Efesios 6:1-2). La obediencia no es suficiente; tiene que ser obediencia y honor. La obediencia sola puede llegar a ser una sumisión externa. Obediencia con honor es una relación externa que resulta de un deseo interno de respetar la posición de autoridad de los padres. Los hijos que obedezcan esta dirección encontrarán la sonrisa de aprobación de su Dios sobre ellos. La promesa es, "para que te vaya bien, y seas de larga vida sobre la tierra" (Efesios 6:3). Estos hijos tendrán no solamente la sonrisa de Dios sobre ellos, sino que también tendrán la sonrisa de sus padres. El libro de los Proverbios lo expresa en estas palabras: "Mucho se alegrará el padre del justo, y el que engendra sabio se gozará con él. Alégrense tu padre y tu madre, y gócese la que te dio a luz" (Proverbios 23:24-25).

La palabra obediencia lleva en sí muchas connotaciones negativas. En nuestra mente algunas veces nos imaginamos la obediencia como el ceder los últimos vestigios de nuestros derechos a los demás. Y aunque algunas veces en efecto otros demandan y obtienen de nosotros tal clase de obediencia, la misma no tiene que darse desde un punto de referencia negativo. Puede ser un elección deliberada a realizar lo que la persona *tiene* que realizar. El modo en que actuamos en lo exterior puede ser el mismo en ambos casos, pero es mucha la diferencia en lo que pasa por dentro de uno.

5. Padre... disciplina amorosa

La dirección de Dios para los padres, se declara en forma negativa: "... no provoquéis a ira a vuestros hijos..." (Efesios 6:4). La Biblia al día cita el versículo 4 de un modo hermoso: "Y en cuanto a ustedes, padres, no estén siempre regañando y castigando a sus hijos, con lo cual pueden provocar en ellos ira y resentimiento. Más bien críenlos en amorosa disciplina cristiana, mediante sugerencias y consejos piadosos".

Algunos padres no ven que esta disciplina puede ser administrada con amor. Así que su autoridad toma la forma de autoritarismo. Esto es altamente objetable por personas de cualquier edad, especialmente por los adolescentes. La insistencia del padre de que su hijo obedezca "solo porque yo lo digo" de seguro encontrará mucha resistencia. La resistencia quizás no sea obvia, pero siempre estará presente.

6. Siervos... obedeced

La dirección para el empleado es la de *obedecer*. Efesios 6:5-8, claramente enseña que la obligación central del empleado es "obedeced a vuestros amos..." Esta debe ser una obediencia que respete la autoridad de sus jefes. Tampoco debe darse de mala gana; por lo contrario, "con sencillez de vuestro corazón, como a Cristo". Hay una perspectiva teológica aquí que debe ser reconocida: "de corazón, haciendo la voluntad de Dios". Es extraño cómo la religión persiste en formar parte de la vida, ¿verdad?

El trabajador que hace tan poco como puede, y solo cuando tiene que hacerlo no ha reconocido cuánta importancia le concede la autoridad. Qué tan fácil sería nuestra tarea en el mundo de trabajo si tomáramos en serio la dirección de Dios para los trabajadores. Algunos empleados son tan malos trabajadores que nunca podrían convencer a sus patrones de la validez de su fe cristiana. Se nos pide que seamos trabajadores "sirviendo de buena voluntad, como al Señor y no a los hombres" (Efesios 6:7). Sí, hay una dimensión divina en el trabajo, aun en el trabajo más bajo y sucio. El hermano Lawrence, autor de *La práctica de la presencia de Dios*, descubrió esta dimensión divina. Encontró que cambió su tarea aburrida de limpiar loza, en un servicio para su Salvador.

Como en el caso de someterse, el obedecer no es una función de las emociones; es una función de la voluntad. Cuando "hacemos la voluntad de Dios", encontraremos que la obediencia, aun en el mundo del trabajo, se convierte en una expresión de nuestra fe cristiana.

7. Amos... respeto

Es bueno que los amos se guíen por esta norma: respetar a sus subalternos. Así como nuestro Maestro no cambia en su respeto por nosotros, del mismo modo un patrón no debe cambiar en su respeto a los que están bajo su mando.

Demostrar respeto a otro significa afirmar el valor de aquella persona. El estar bajo otra persona en la estructura de autoridad no quiere decir que es de menos valor. Tanto los jefes como los empleados necesitan reconocer esa verdad central. El entenderla y practicarla nos dará una relación más saludable en el mundo del trabajo.

Existe una tentación susceptible a los que poseen autoridad. Es la tentación de usar su puesto de poder como amenaza para los subordinados. Las amenazas pueden ser un medio para manipular, o usar a las personas. Cuando esto sucede, se viola la personalidad humana y uno demuestra la carencia de su autoridad en forma responsable y cristiana. La autoridad en manos de un hombre malo puede convertirse en tiranía.

Para evitar que los patrones cedan a la tentación de amenazar a sus empleados, Dios les da un recordatorio solemne, de que ellos también tienen un Amo en el cielo al cual son responsables (Efesios 6:9).

En las direcciones que Dios nos da en Efesios, nos confrontamos con la actitud de los cristianos que se desarrolla hacia la autoridad en dos relaciones: (1) la actitud de la persona que está *bajo* autoridad, y (2) la actitud del que *tiene* la autoridad. Podemos ejercer autoridad de modo cristiano y también responder a la autoridad de igual modo. El practicar ambos nos ayudará a vivir con los demás con el mínimo de fricción y con tanta felicidad y satisfacción como sea posible.

Y como la vida avanza a base de relaciones, nos debemos a nosotros mismos y le debemos a Dios hacerlas tan saludables como sea posible. Debemos constantemente estar alertas en darles atención a nuestros seres amados. Alguien ha dicho, "Sé caritativo con los que conoces. Si no fuera por ellos, ¡tú serías un extraño!" El

20

descuidar nuestras relaciones íntimas con otros es dar atención a otras situaciones de menor importancia. Las relaciones que tienen sentido no vienen "porque sí". Son el resultado de una atención cuidadosa y constante.

Darnos cuenta de que Dios está profundamente interesado en las relaciones hace que las pongamos en una perspectiva cristiana. Para Dios, no hay separación entre religión y relaciones. Su Palabra nos dice que las dos están relacionadas. Religión y relaciones son solo válidas en relación de la una con la otra. Creer que la religión se puede separar de las relaciones es cometer el más grave de los errores teológicos. Las relaciones verticales (Dios-con-hombre) se vivirán en relaciones horizontales (persona-con-persona). Jesús dice que así es. Él nos dice que una bondad hacia otros es una caridad que le damos a él (Mateo 25:31-40). También dijo que si no perdonamos a los otros por lo que nos han hecho, tampoco el Padre perdonará lo que le hemos hecho nosotros a él (Mateo 6:15).

Esto refuta la mentira de que la religión es puramente un asunto entre Dios y el hombre. Más bien, la calidad de nuestra relación con Dios puede medirse por la calidad de nuestras relaciones con los demás. Y siendo así, estamos obligados a seguir la dirección de Dios en nuestras relaciones. Cada una de las direcciones que hemos estudiado tiene "otra dimensión" en sus palabras clave: "sumisión", "obedecer", "respetar", "amar", "no provocar". La palabra "otros" necesariamente sigue a cada una de estas palabras clave.

Alrededor de las palabras clave en Efesios 4–6 hay otras palabras que dan mayor profundidad a nuestras relaciones. Estas palabras son: "alimentar", "apreciar", "contenerse", (paciencia), "amar", "compasivo", "misericordiosos", "perdón". Todas estas palabras son *sanadoras*. Las relaciones que están enfermas pueden sanar si se toman en serio las instrucciones de Dios. ¿Qué relación fallaría si cada persona que participa en ella se propusiera nutrir, cuidar, y honrar a la otra persona y además ser paciente, compasiva y misericordiosa, en vez de estar amargada, airada, violenta, discutir, vociferar y ser malévola?

Alguien le preguntó al gran Charles Spurgeon lo que quería decir cierto versículo de la Biblia. Él contestó: "Quiere decir exactamente lo que dice". ¿Qué quiere decir Dios cuando nos dice que debemos someternos, respetar, amar, no provocar, nutrir, cuidar, honrar, ser pacientes, caritativos, compasivos, y misericordiosos? Quiere decir exactamente lo que dice.

En adición a relaciones elevadas que son emocionalmente satisfactorias, hay algo que resulta de vivir con los demás de acuerdo a la dirección de Dios. Este resultado final es el ser semejante a Cristo. Una cuidadosa lectura de Efesios 4 revelará que la relación vertical adecuada (Dios con hombre) y las relaciones horizontales (persona con persona) producirán esa semejanza a Cristo que todo creyente anhela. Efesios 4:15 nos asegura que haciendo esto seremos más y más como Cristo.

PREGUNTAS PARA ESTUDIO

1. Discuta esta declaración: "La cualidad de la vida se puede medir por la calidad de nuestras relaciones con Dios y con los demás".

2. ¿Por qué le da Dios tanta importancia a las relaciones correctas?

3. ¿Por qué es tan difícil alcanzar las metas de Dios de paz y unidad en las relaciones?

TAREA

1. Que cada uno de los miembros del hogar vigile sus actitudes y conducta durante las próximas 24 horas para ver si estas contribuyen a las metas de Dios de paz y unidad.

2. Examine las relaciones primarias de las cuales usted es parte (esposo con esposa, padre con hijos, patrón con empleado) y determine si está siguiendo la dirección de Dios en estas relaciones según se indica en Efesios.

CAPÍTULO II

Estilos de relaciones

Hay un sinnúmero de maneras en que las personas pueden relacionarse. No hay un estilo de relación único que caracterice todas las formas en que una persona puede reaccionar hacia la otra. Sin embargo, muchas relaciones se pueden clasificar de acuerdo a las mejores formas que son características de la relación como un todo. El propósito de este capítulo es describir algunos de estos estilos (modelos) y enseñar qué sucede a la personalidad[1] de los que son parte de ellas.

A. El estilo de conflicto: (Persona ⇄ Persona)

El esquema que hemos puesto arriba enseña la manera predominante de relación empleada en el "estilo conflicto" en las relaciones. Las flechas en el esquema demuestran que las dos personas están en conflicto. Ahora examinemos qué sucede bajo estas condiciones:

1. Fricción en contra de la otra [2]

Las dos personas han permitido que se desarrolle un antago-

---

[1] Este término aquí se usa para traducir *personhood,* que significa la esencia de ser persona, la suma de las características que componen el ser persona.

[2] Karen Horney usa la expresión que aquí traducimos "fricción en contra de la otra", para referirse a necesidades de personas neuróticas.

24

nismo entre ambos. Esto quiere decir que cada una se mueve en contra de la otra. Es un síndrome de "recibir dolor, y dar dolor". Cada persona siente que tiene derecho de provocar dolor a la otra porque ella ha recibido dolor.

Aparentemente para algunas personas la solución a la violencia de las calles es ¡traerla dentro del hogar! Esta actividad en contra de otra pronto se convierte en un estilo de vida. Las reacciones del uno al otro se vuelven casi automáticas. Si se permite que persistan, se convertirán en el único modo en que ellas pueden comunicarse la una a la otra. Amós pregunta, "¿Andarán dos juntos, si no estuvieren de acuerdo?" (Amós 3:3). La implicación es que una realidad amistosa es posible solo en un ambiente de mutuo entendimiento.

Un hombre le dijo a su consejero: "Todo nuestro matrimonio ha sido una lucha continua por sobrevivir". No hablaba de problemas económicos. Con la expresión "lucha por sobrevivir" él quería decir *sobrevivir como personas*. La fricción *en contra* del otro deteriora la calidad de persona de los dos.

2. El otro se vuelve un objeto

En lugar de verse cada uno como personas entre quienes la relación es posible, se ven como objetos en contra de los cuales pueden dirigir su hostilidad. Esto quiere decir que la otra se vuelve una cosa, no una persona. Esta es una de las más trágicas situaciones que pueden suceder porque es una negación de la identidad y valor de uno. Una mujer dijo de su esposo: "Para él soy solo un objeto, no una persona".

3. Altercado

El resultado de este tratamiento es un altercado que no tiene fin. Hay un continuo conflicto que produce una atmósfera negativista. Nunca hay satisfacción y siempre se vive en frustración. Una mujer informó a su consejero que ella y su esposo habían reñido desde el primer día de su boda (durante 10 años). El matrimonio comenzó a remendarse pero hallaban difícil el vivir sin pelear pues este fue su estilo de comunicación desde el principio. Después de una experiencia de regresión del esposo, ella dijo, "la presión de ser bueno es muy difícil para él".

Una mujer que tenía tal relación dijo que su esposo le enseñó al perro a roncar ¡solo por molestarla! Esto demuestra uno de los más desafortunados resultados de este estilo de comunicación: interpretando cosas neutrales como si fuesen negativas. El poder de la imaginación es incomprensible.

4. Modificación

Las personas que emplean este estilo de relación intentan hacer cambios en la personalidad de la otra. Es un modo de decir: "No te acepto como tú eres. Te amaré si tú cambias". Amor con una "condición" no es amor. Una mujer le dijo a su consejero, "a mi esposo le gusta mi exterior, pero no mi interior". Su análisis estaba correcto, pues su esposo, en una entrevista separada le dijo al consejero "me gustaría cambiarla interiormente". Desgraciadamente, no es posible hacer un transplante de personalidad pero hay muchos que lo intentan. Tanto las relaciones como las personas pueden resultar heridas en el proceso.

5. Despersonalización

Negarse a aceptar a la otra persona tal cual es, insistiendo en que cambie, da por resultado un proceso de despersonalización. Cuando una persona es vista por otra como un objeto y no como persona tiene la tendencia a perder tanto su sentido de identidad como su sentido de valor. Sin ellos, uno no puede funcionar adecuadamente porque ha sido despersonalizado por el otro. La despersonalización es una experiencia emocional devastadora que perjudica la personalidad del otro.

Pensando en su divorcio una mujer dijo: "Él me criticaba todo el tiempo. No me dejó ser yo". Una mujer cuyo matrimonio comenzó a mejorarse le comunicó a su consejero algo que le ayudó a este a darse cuenta de lo que la despersonalización de la esposa le había hecho a su esposo y a su matrimonio. Expresó: "De repente me di cuenta de que mi esposo es una persona". ¡Qué descubrimiento! Si lo hubiera hecho antes, su matrimonio no hubiera llegado al punto de disolución.

6. Deformación

Ser visto como un objeto, como una no-persona causa una deformación en la personalidad. Dios nos hizo para tener relaciones, y encontramos nuestra identidad personal en relaciones positivas. Sin embargo, los métodos negativos y de venganza en las relaciones producen una deformación mutua de personalidad. Cuando esto sucede, el perímetro de la personalidad de uno se borra y uno pierde el sentido de identidad.

7. Destrucción

La destrucción que resulta en este estilo de relación es doble: (1) destrucción de la calidad o esencia de persona de cada uno y, (2) destrucción de la relación. Resulta inmediatamente evidente que este estilo de relación no satisface a ninguna de las dos personas. Garantiza frustración y desilusión, y evita una felicidad completa. Un hombre evaluó su matrimonio del siguiente modo: "La única esperanza de felicidad para nosotros dos es que uno de los dos se muera". Una joven madre tenía una manera muy impresionante de describir su matrimonio enfermo. Esperando su divorcio, manifestó: "Estoy procurando determinar qué es peor para el niño, el venir de un hogar hecho pedazos o vivir en un hogar así".

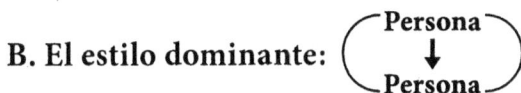

B. El estilo dominante: $\left(\begin{array}{c} \text{Persona} \\ \downarrow \\ \text{Persona} \end{array} \right)$

El esquema enseña la aproximación básica que se emplea en el estilo de dominación. Una persona ha tomado la posición de mando sobre la otra. Esta posición de poder se usa para forzar a la persona débil a una posición subordinada. Esta subordinación puede ser sicológica, física o ambas. Cuando esta se convierte en el modo predominante de relación, ocurrirá lo siguiente:

1. Fricción sobre el otro

La posición de mando de la persona dominante se usa como medio de forzar la voluntad de uno sobre el otro. Esto deja muy poco lugar para un diálogo provechoso. Es decir el "diálogo" es más bien cuestión de un "superior" dando órdenes a un "inferior". Tal dominio crea un ambiente en que es imposible que la relación mejore. El diálogo requiere sentimientos de igualdad y mutualidad. Cuando estos componentes no existen, la interacción se vuelve afectada y artificial. Durante una entrevista con el consejero, un esposo le dijo a su esposa: "No soy uno de tus hijos y no quiero que me trates como a uno de ellos". Él estaba protestando en contra de los continuos intentos de ella, de dominarlo viéndolo como un niño y no como un adulto.

2. El otro es vasallo

En lugar de ver al otro como un igual en valor, la persona dominante ve al compañero sumiso como un siervo. Esto quiere decir que la relación está caracterizada por una norma dual de juzgar el valor personal. La persona dominante se cree que vale mucho y que la compañera sumisa vale muy poco. Una mujer que trabaja expresó este sentimiento manifestando que su esposo la hacía sentirse "como una criada de pie quien también tenía otro trabajo". Ese era su modo de decir que se sentía que era una esclava y no una igual.

En las relaciones del matrimonio en que uno ve al otro como un vasallo, aun la experiencia sexual se convierte en la nada. Una mujer protestó diciendo: "Yo no quiero volverme un cuerpo: quiero ser alguien".

3. Subordinación

La persona débil está sometida, lo que la pone en un papel de subordinación ante la otra. Esto quiere decir que no le es permitido ser una persona como debe ser. Más bien, es solo un reflejo de lo que la persona fuerte espera que ella sea. Una joven mujer se quejó de su esposo con estas palabras: "Me molesta que me trate parte como niña y parte como una posesión". Después, con profundo sentimiento dijo: "Soy un ser humano".

4. Sofocación

El resultado de este estilo de relación es una sofocación de la personalidad de la persona débil. Su sentido de dignidad se viola y se le hace sentir que es un ser humano inferior. Una mujer cuyo marido era extremadamente dominante le confió a su consejero: "Él quiere asfixiarme pero yo *no lo dejaré*".

5. Apersonalización

El resultado de esta clase de situación es que el débil se convierte sicológicamente en una no-persona. Esto quiere decir que siente que se ha violado su dignidad como ser humano y se encuentra sin identidad. (Nos referimos al término *apersonalización* como equivalente a *sin personalidad*.) Cuando alguien ha despersonalizado a otra persona, el resultado es que esta se siente como un objeto, no como una persona. Una esposa lo expresó de este modo: "Él me hace sentir como un muñeco mecánico".

Cuando uno es visto por otra persona como una no-persona, comienza a verse del mismo modo. Una esposa señaló: "Me siento como que no me conozco. Me siento como si viviera con un extraño". Su esposo la había dejado despersonalizada haciendo que ella se sintiera alejada de él. Esto es apersonalización.

6. Reformación

El ver al débil como inferior hace que el dominante entre en un proceso de reformación (significa "re-hacerse"). Usa su posición de mando para forzar al menos fuerte en su molde haciéndole que haga lo que él cree que debe hacer. Las palabras familiares de la ceremonia matrimonial: "para tenerla y conservar desde hoy en adelante" se vuelven "para moldearla desde hoy y para siempre". El débil quizás lo acepte exteriormente, pero también puede causar un profundo resentimiento. De este modo el dolor puede complicarse: el dolor que resulta de haber sido forzado a cambiar, más el dolor del resentimiento que inevitablemente lo acompaña. Literalmente la palabra "resentir" quiere decir "volver a sentir" un dolor.

El proceso de ser reformado (re-hecho) continuamente por otro es una experiencia devastadora. Una esposa de un hombre culpable de esto dijo: "Yo no soy.lo que él quiere que yo sea. No puedo satisfacerlo". Tal sentido de falta de aceptación hace sentir a la persona sin valor, lo que quiere decir que su dignidad ha sido amenazada.

7. Manipulación

Una actitud de superioridad de parte de la persona dominante la hace entrar en un proceso de manipulación. Como si fuera un peón en una tabla de ajedrez, moverá al débil *donde* ella quiera, *como* quiera y *cuando* quiera. Esto hace al débil sentirse como una cosa y no como una persona. El dominar a otra es un secuestro sicológico. Es una violación de la personalidad humana porque una persona se está forzando sobre la otra.

C. El estilo de aislamiento: (← Persona   Persona →)

El esquema de arriba, demuestra el modo característico de este estilo de relación: no hay unidad o armonía. Las dos personas están separadas y alejándose más y más conforme va pasando el tiempo. Un esposo caracterizó esta clase de relación como sigue: "Llegamos al hogar tarde para escapar el uno del otro". Una esposa tuvo otro modo de decir lo mismo, cuando expresó: "Estamos tirando hacia afuera y no para unirnos". Esto es lo que resulta de este tipo de relación:

1. Separándose del otro

Las dos personas no tienen nada en común y no desean estar juntas sicológicamente. Están juntas geográficamente pero separadas en lo emocional. Esto se ha descrito como un estado de divorcio sicológico. No hay satisfacción en la relación. Piensan separadamente, sienten separadamente y actúan separadamente. El estilo de aislamiento es básicamente de no-relación. Visto desde afuera, tiene la apariencia de una relación; pero si se le ve por dentro, es una identidad de separación. Las dos personas quizás usen el mismo apellido, la misma mesa, y aun la misma cama, pero son dos polos separados en sus relaciones.

2. El otro es una "nada"

La separación sicológica hace que uno vea al otro como algo que no existe. Esto es, existe tan poco en común entre los dos que se portan como si el otro no existiera. No ocurre un intento de acercamiento ni el intento de satisfacer a la otra persona. Viendo al otro como una "nada" quiere decir que la relación no puede prosperar. Las relaciones que tienen sentido se inician cuando se reconoce la existencia y el valor del otro.

3. Separación

La separación sicológica en una relación que promete mucho pero ofrece poco es muy difícil de tolerar. El sentido de aislamiento puede volverse insufrible. Algunas veces, es más difícil el aislamiento que soportar un conflicto. En un conflicto, las dos personas reconocen la existencia de uno y de otra; mientras que en un aislamiento, se pasa por alto el amor propio de cada uno. El dolor mayor no es del ser lastimado, sino el ser menospreciado. Muchas mujeres se sienten fuera del mundo interno del esposo. Una mujer dijo: "Me siento fuera de su vida, él no me habla". El dolor causado por el aislamiento puede debilitar mucho.

4. Impersonalización

En esta clase de relación existe un mínimo de diálogo. Las dos personas tienen poco que ver entre sí, y esto produce una relación carente de intimidad, y de dimensión personal. Una mujer cuyo esposo la pasaba por alto dijo: "Aun al perro le acaricia su cabeza de vez en cuando". Otra, cuyo matrimonio tenía la misma clase de impersonalización, le dijo a su consejero que no podía tolerar un matrimonio que prometía diálogo pero que no lo proveía. Cuando planeaba divorciarse, dijo: "Si voy a estar triste, voy a estar triste sola".

5. Malformación

Por cuanto las personas encuentran su verdadera identidad en relación con otras, el estilo de aislamiento puede causar un grado de malformación en la esencia de persona de los que viven continuamente bajo estas condiciones. La potencialidad de crecimiento y madurez en la personalidad se restringe porque carece del condimento nutritivo de unidad tan necesario para un desarrollo óptimo. Esta falta de intercambio produce personas parciales (incompletas).

6. Enajenación

Los sentimientos de enajenación son el resultado de vivir en aislamiento. Las personas no solo se sienten aisladas, sino también enajenadas (rechazadas). La enajenación es un asalto silencioso al valor intrínseco de las personas, lo que resulta en esta relación. En este caso se ve la enajenación como la forma más negativa de aislamiento. El aislamiento pasivo consiste en no establecer diálogo; el aislamiento agresivo es rehusar entrar en diálogo.

Una esposa, que experimentaba sentimientos de enajenación, dijo de su esposo: "Está siempre enojado, en su juicio y en silencio.

Me repugna el silencio, me siento completamente separada". Otra mujer describió a su esposo como una estatua, muda y sin sentimientos.

7. Privación

La consecuencia natural de este estilo, es que las personas así afectadas, sienten que han sido privadas de un encuentro interpersonal. Esto da por resultado una doble privación: (1) el ser privado de una relación de mucho significado, y (2) el ser privado de un crecimiento personal que solo es posible al ser alimentado por otra persona. Un hombre, meditando en la razón por la cual su matrimonio fracasó adujo: "Yo siempre estaba en silencio, aislado en el hogar. Ella decía que la hacía pasar hambre emocionalmente".

D. El estilo cooperación: $\left(\begin{array}{l} \textbf{Persona} \rightarrow \\ \textbf{Persona} \rightarrow \end{array} \right)$

El esquema de arriba indica con claridad la naturaleza del estilo cooperación. Se caracteriza por un mínimo de conflicto, dominación y aislamiento, así como la presencia de cooperación. Notemos algunos aspectos de este estilo de relación:

1. Fricción con el otro

En esta relación las dos personas están trabajando juntas. No hay deseo de trabajar *una en contra* de la otra, (ataque) *sobre* la otra (dominación), o *separada* de la otra (aislamiento). Hay un sentido de unidad. Cada uno encuentra satisfacción en el otro y en sus relaciones porque hay un sentido de igualdad y unidad.

2. La otra es una persona

En contraste con los otros estilos que hemos estudiado, este estilo ve a la otra como una persona, no como un objeto, un vasallo, un no-ser (una "nada"). Esto significa que hay un respeto mutuo por la personalidad del otro.

3. Relación

El centro está en la relación, y cada uno es visto como persona de dignidad y valor. Cada uno ve su actuación en la relación y encuentra su más grande satisfacción en establecer conexión y cooperación con el otro.

4. Comunicación

La característica distintiva de este estilo es la habilidad de comunicarse el uno con el otro. Comunicación no es lo mismo que conversación, aunque sí la incluye. Comunicación es el proceso de hacerse conocer completamente por el otro. Se ha definido como el enviar y recibir mensajes, significados y sentimientos.

5. Transformación

Como hemos sido hechos para relaciones y encontramos nuestra identidad personal en ellas, sucede un proceso de transformación en cada persona que forma parte de una relación cooperativa. Los que están relacionados correctamente encuentran que sus propios seres son transformados (mejorados y satisfechos) y que la relación misma experimenta una transformación gradual.

6. Repersonalización

Debido al poder transformador de una relación positiva, y cooperativa, existe un sentido muy específico en el cual las personas que tienen tal relación son repersonalizadas. Experimentan que son aceptadas por la otra persona, y esta aceptación se convierte en la base para la aceptación de uno mismo. El ser amado le ayuda a uno a amarse a sí mismo en una forma apropiada. El resultado es un continuo crecimiento que se designa por el término repersonalización.

7. Completarse

En una relación de cooperación cada uno encuentra su realización en el otro. Se da y recibe mutuamente, esto produce la

34

sensación de bienestar y realización. La competencia no es parte de este estilo de vida. No hay sentido de independencia. Más bien, como dijo Abraham Stone, es una cierta "declaración de interdependencia".

Y como se dijo al principio de este capítulo, no hay un solo estilo que caracterice la totalidad de una relación dada. Mientras que la relación quizás sea gobernada por un modo principal (estilo o modelo) de relación, es posible que algunas veces la relación contenga elementos de los cuatro estilos que hemos estudiado (y quizás muchos más). Siendo así, convendría examinar cada una de nuestras relaciones íntimas para ver cuál es el modo máximo que las caracteriza. Una vez hecho esto, sería también de provecho descubrir qué elementos de otros estilos pudieran estar presentes en cada una de nuestras relaciones.

El modo más ventajoso de efectuar esto es que cada persona haga una evaluación por sí mismo y después compare sus percepciones con las del otro en relación. Seguramente que habrá una diferencia bien marcada en estas dos percepciones. Si así es, resista la tentación de decirle a la otra persona cuán equivocada está. Por el contrario, recuerde que cada uno tiene una evidencia "válida" para su percepción.

Es importante recordar que en las relaciones no tratamos con la realidad tanto como con las *percepciones* de la realidad. Por tanto, "realidad" para una persona es como la ve. Una de las razones por las que el conflicto y la crisis pueden ocurrir es que rehusamos aceptar las percepciones del otro porque no están "correctas" (lo que queremos decir es que ellos no concuerdan con *nuestras percepciones*). Se ha dicho con sabiduría que nosotros no vemos las cosas como son sino como somos. Esto es especialmente cierto por lo que se refiere a nuestras relaciones íntimas.

35

Cuando un examen cuidadoso revele que la relación se caracteriza por la venganza, la dominación o el aislamiento, es aparente que se necesita una extensa renovación. En cada uno de estos modelos principales no hay modo de crecer, ni en la persona individualmente ni en la relación misma. Aun si la relación no se pudiera clasificar por uno de estos estilos principales, hay elementos fuertes de estos estilos en ella, y la relación necesita mejorar mucho.

En la proporción en que el desquite, la dominación y el aislamiento están presentes, la relación carece de una perspectiva cristiana. Eso es así porque en cada uno de estos tipos hay o una violación de la persona o una falta de aprecio de esta personalidad.

Uno no puede tomar la fe cristiana en serio y al mismo tiempo menospreciar la importancia que Jesús le concedió a la personalidad humana. Uno de los conceptos más básicos para Jesús fue el valor de las personas. Este concepto dominó la mayoría de sus actos. La forma en que él se relacionó a las personas, refleja el valor que les daba. Aun la mujer sorprendida en el acto de pecado fue tratada con cariño por el Maestro.

Las enseñanzas de Jesús también revelan la grande importancia que él le concedió al individuo. A él no le interesó primordialmente la raza, la nacionalidad, los grupos selectos, o las familias aisladas como fin en sí mismas. Su interés estaba en los individuos que componían estas relaciones. Para Jesús la unidad básica de valor era el hombre. Esto estaba en el corazón de su ministerio y de sus enseñanzas. Aun un examen somero de sus preceptos y ejemplo revelarán el valor que él les dio a las personas. Este concepto de tal manera captó el pensamiento de Jesús que lo hizo el fin de la acción humana. La regla de oro refleja este principio claramente: "Como queréis que hagan los hombres con vosotros, así también haced vosotros con ellos" (Lucas 6:31). Jesús veía las cosas con desapego, pero valorizó a las personas en gran precio. El hombre no era una cosa para ser usada, sino una persona digna de respeto. En un hospital en Kansas City hay un letrero que dice: "Cuidado, aquí hay seres humanos, trátenlos con cuidado". Este sería un buen lema para cada hogar, iglesia, escuela y lugar de negocio.

La siguiente parábola de Jesús refleja mejor que nada su concepto del valor del hombre:

> Y él les refirió esta parábola, diciendo: ¿Qué hombre de vosotros, teniendo cien ovejas, si pierde una de ellas no deja las noventa y nueve en el desierto, y va tras la que se perdió, hasta encontrarla? Y cuando la encuentra, la pone sobre sus hombros gozoso; y al llegar a casa, reúne a sus amigos y vecinos, diciéndoles: Gozaos conmigo, porque he encontrado mi oveja que se había perdido. Os digo, que así habrá más gozo en el cielo por un pecador que se arrepiente, que por noventa y nueve justos, que no necesitan de arrepentimiento (*Lucas 15:3-7*).

Jesús se dedicó completamente a la labor de buscar al perdido. ¿Por qué? Porque el hombre era lo más valioso para Jesús. Digno de ser buscado; sí, y aún de morir por él.

Esto nos dice en cuanto a nuestra relaciones que debemos poner un alto precio a la personalidad, como Jesús lo hizo. Y cualquiera que no valore la personalidad humana está negando uno de los conceptos más básicos de la fe cristiana.

PREGUNTAS PARA ESTUDIO

1. ¿Por qué los estilos de relación de desquite, dominación y aislamiento no son una manera cristiana de relacionarse?

2. ¿Por qué el estilo de cooperación es una aproximación cristiana a las relaciones?

3. ¿Qué otros estilos de relación utilizan las personas?

TAREA

1. Trabajando separadamente, pregunte a los miembros de la familia que clasifiquen sus relaciones sobre la base de los cuatro estilos básicos que se discutieron en el capítulo. Recuerde que tal vez un estilo solo no pueda describir completamente y con toda exactitud cualquiera de las relaciones; por tanto, la clasificación puede incluir elementos de todos los estilos. Si es así, procure determinar el grado en el que están presentes los varios estilos de relaciones.

2. Haga una comparación con lo que encontró (arriba) y que estas comparaciones sean la base para una comunicación más profunda en las relaciones familiares.

CAPÍTULO III

Las relaciones entre esposo y esposa

El matrimonio es la relación imposible. Esto es, imposible que funcione sin fricción alguna. Decimos esto por dos razones: (1) cada individuo no puede entenderse completamente a sí mismo, y (2) cada uno no puede en su totalidad entender al otro. En este capítulo estudiaremos el *porqué*.

En el matrimonio pedimos lo imposible: que dos organismos completamente complejos se transformen en uno y que mantengan a su vez la identidad de cada uno. Para que una persona sea completa, debe poseer su propia identidad; y para que un matrimonio sea completo debe vivir en unidad. Esta *identidad en unidad* es muy difícil de obtener. Primero que nada, cada ser humano lucha con el problema de su identidad propia. Preguntas como estas: ¿Quién soy? ¿Por qué siento y me porto de este modo? y, ¿cuál es mi situación en el matrimonio? son preguntas difíciles de contestar. Segundo, toda persona lucha por saber quién es la otra persona y por qué se porta y siente del modo que lo hace. Además, una búsqueda de la unidad se frustra con frecuencia porque no estamos tratando con lo estático sino con lo dinámico. Es decir, nadie sabe qué es la personalidad; pero sea lo que sea, todo el tiempo está cambiando. En realidad, no somos las mismas personas de un día al otro. Algunas personas no son las mismas personas de un momento a otro. Y este aspecto dinámico (cambiante) de personalidad crea problemas en nuestras relaciones.

Aun en la maquinaria más refinada, donde cada pieza ha sido confeccionada con gran destreza y especificaciones calculadas en milésimas de centímetros, hay fricción en el mecanismo. Si eso puede ser así, no es muy difícil ver cómo las "partes" de una relación matrimonial, que están cambiando todo el tiempo, y en cierto sentido forzadas a vivir juntas pueden desarrollar fricción. Por eso al matrimonio se le llama "la relación imposible".

Por mucho tiempo hemos dado por hecho, inocentemente, que todo lo que se necesita en las relaciones matrimoniales crecerá automáticamente. Si así fuera, las estadísticas de conflicto-divorcio-separación que son astronómicas en nuestra sociedad, nunca hubieran ocurrido. Aunque el amor quizás sea el ingrediente más básico en la formación de un matrimonio fuerte, hay que añadirle trabajo, madurez, flexibilidad y gracia, todo esto en grandes cantidades.

Cuando escribimos esto, se acaban de publicar estadísticas que indican que los divorcios han alcanzado el más alto nivel en la historia de los Estados Unidos. Pero esta triste estadística solamente dice parte de la historia de lo que está pasando en los hogares de nuestra sociedad. Para obtener una valorización más precisa o exacta, al número de divorcios hay que añadirle el número de hogares en donde hay separación (legal o de otra clase), el número de hogares en donde hay un progenitor ausente (generalmente hombres, llamados "desaparecidos"), y los muchos hogares donde las relaciones maritales están en condiciones tristes. Estos últimos se conocen como "hogares cuarteados", para distinguirlos de los que están destruidos. En los "hogares cuarteados" existe un estado sicológico de divorcio.

Una esposa en esta relación expresó: "Quiero un divorcio para legalizar el hecho". Otra esposa le dijo a su consejero: "Todo lo que tenemos es una cama de niño prestada". Ella no estaba valorizando en lo económico su matrimonio, sencillamente, estaba indicando que su matrimonio en total tenía solo un "valor", una cuna prestada.

Así como no podemos nunca definir la salud de una nación tabulando el número de muertos que ha ocurrido, tampoco puede calcularse la salud de un matrimonio solo por el número de divorcios que han estado sucediéndose. Si hubiera un modo de calcular el *estado real* de los matrimonios en nuestra sociedad, la cifra daría miedo.

No todos los matrimonios cuarteados y deshechos están en los hogares de personas que no van a la iglesia. Como cristianos debemos hacer todo lo que podamos para que nuestros matrimonios sean tan fuertes como sea posible, no sea que nosotros también seamos víctimas de esta enfermedad mortal.

Entendiéndose mutuamente

Las diferencias físicas entre los sexos son distintas y notables. Por regla general, los hombres son más altos, más fuertes y más pesados que las mujeres. Las mujeres maduran más pronto, tienen una mejor destreza manual y viven más tiempo que los hombres. Las diferencias entre el físico del hombre y la figura de la mujer son evidentes.

Aunque hay una gran diferencia física entre los sexos, en muchas maneras las diferencias sicológicas son aún más grandes. Por cuanto estas diferencias sicológicas no se pueden ver como las físicas, las parejas no se dan cuenta de ellas, y esto crea una falta de comprensión. Lo que sigue son algunos contrastes que generalmente son verdaderos en los sexos. De ningún modo han de ser considerados "universales", que se apliquen a *todos* los hombres y *todas* las mujeres. Sin embargo, tienden a ser la verdad.

1. El hombre tiende a tratar la vida con el cerebro; la mujer con el corazón

Con esto se quiere decir que el hombre está orientado lógicamente y la mujer está orientada emocionalmente. Esto no implica de ningún modo que haya una diferencia intelectual entre los dos sexos, pues estudios innumerables nos han enseñado que esta diferencia no existe. Más bien, la diferencia está en la actitud que cada uno toma hacia la vida.

2. El hombre tiende a externalizarse; la mujer a internalizarse

Los hombres están orientados a la acción. Están enfocados al mundo de afuera. Las mujeres se dejan guiar por sus sentimientos y ponen su concentración en su mundo interno.

3. Los hombres se interesan en principios, las mujeres en detalles

Los hombres ven la vida desde arriba; las mujeres se interesan en la complejidad de las partes.

4. Los hombres tienden a hablar con fines prácticos, las mujeres con fines de recreación

Muchos hombres tienen una aversión por hablar, especialmente acerca de asuntos que tienen que ver con personas y relaciones. Las mujeres encuentran en la conversación una terapia, especialmente cuando hablan acerca de sus sentimientos y relaciones íntimas. Esto es lo que se ha querido decir al usar arriba el término "recreacional"; el hablar re-crea a una mujer en el sentido de que la conversación la ayuda a dominar sus emociones con mayor facilidad.

5. Los hombres desean pero con frecuencia tienen miedo de una intimidad emocional; la mujer necesita y ansía intimidad emocional

Muchos hombres quieren un acercamiento emocional pero se sienten mal cuando hablan de sus emociones. La tendencia es a ser menos capaces que las mujeres de entender y tratar con las emociones. Esto los hace reservados en los encuentros emocionales que ellos desean. Por cuanto la mujer tiene una profunda necesidad de intimidad, la incapacidad de su esposo de hacerle saber la profundidad de sus sentimientos hacia ella crea un sentido de inseguridad dentro de ella. Muchos hombres tienen la tendencia de sustituir las acciones de amor por un amor hablado. Una mujer con un esposo así escribió a Abigail Van Buren (Querida Abby), quejándose de que su esposo nunca le decía que la amaba. Ella dijo que cuando procuraba que él se lo dijera, él respondía: "Estoy aquí, ¿no es verdad?" Que interpretado, quiere decir: "Te dije cuando nos casamos que te amaba y mi continua presencia dice todo lo que necesita decirse". Esta actitud no es extraña para los hombres. Una mujer dijo de su esposo: "Me da cosas pero no me da su persona". Lo ideal para una relación matrimonial es entregar todo lo que uno tiene y todo lo que uno es.

6. Los hombres tienen una necesidad implacable de triunfar; las mujeres de tener seguridad

Con frecuencia el trabajo de un hombre se convierte en una extensión y expresión de su personalidad –y en esa forma, de su sentido de valor. El hogar de la mujer con frecuencia se vuelve una extensión y una expresión de su personalidad –y en esa forma de su sentido de valor. El término *hogar* no ha de compararse con el término *casa*. La casa es el recipiente en el cual ella pone su hogar. Su hogar es su esposo y sus hijos y las múltiples interrelaciones entre los dos y entre todos los demás.

Las ocho personas en un matrimonio

Una de las razones por las que tenemos dificultades para entendernos es que no sabemos con cuál de los compañeros estamos haciendo el intento de establecer comunicación en un momento dado. Contrario a lo que la mayoría cree, no hay dos compañeros en cada matrimonio, hay ocho. Y ocho es lo mínimo. En algunos casos son más. En cada matrimonio hay cuatro esposos y cuatro esposas. Para entenderse se necesita saber cuál de los cuatro esposos está tratando con cuál de las cuatro esposas. Vamos a ver a estas ocho personas.

Cuatro esposos	*Cuatro esposas*
1. El esposo como se ve él mismo	1. La esposa se ve como ella misma
2. El esposo como es	2. La esposa como es
3. El esposo como ella lo ve	3. La esposa como él la ve
4. El esposo como ella espera que sea	4. La esposa como él espera que sea

Teniendo esta lista de cuatro pares de compañeros, necesitamos examinarlas detalladamente.

1. Percepción propia

La primera pareja de compañeros son las dos personas tal como se ven a sí mismos. Esto es lo que se llama imagen propia, autoimagen o concepto propio.

Cada uno de nosotros posee una vista global de uno mismo, esto es, una clase de cuadro completo, un cuadro total de uno mismo. Esta imagen de uno mismo, o concepto propio, comienza a tomar forma al nacer. Algunas investigaciones recientes indican que empieza a tomar forma antes del nacimiento, antes que el niño puede oír y sentir la voz de su madre, mientras está todavía en la matriz; y que este "encuentro personal" inicial tiene modo de indicarle al niño si en verdad es deseado, y si el mundo será básicamente hostil o amigable. Puesto que quizás esto sea muy especulativo para algunos, haremos a un lado la posibilidad y diremos sin equivocarnos que al nacer el niño inicia un proceso sin fin para determinar quién es él y apreciar su valor.

Hasta cierto grado el yo está cambiando siempre. Sin embargo, como en el caso de un cuadro de una película que se ha detenido en cualquier tiempo, la persona es lo que es en ese momento. Del mismo modo, el concepto propio que uno ve es el yo que "es" para todo propósito práctico. Esta calidad de "ser" es como uno se ve a sí mismo, y no como es en verdad, ni tampoco como lo ven otros. Es esta vista generalizada que uno tiene de uno mismo lo que se llama concepto propio.

2. Actuación

La segunda pareja de compañeros son las personas tal como ellos en realidad actúan y se portan. Un gran determinante de la conducta, aunque de hecho no es el único, es el modo que uno tiene de verse a uno mismo (concepto propio). Nos portamos en relación a cómo nos percibimos a nosotros mismos. Hablando generalmente, prejuzgamos nuestra conducta futura sobre la base de determinar si tal conducta estaría de acuerdo con nuestro concepto propio.

3. Percepción de otros

La tercera pareja de compañeros son las personas que están percibiéndose mutuamente. Esta es la imagen que tenemos del otro. Cuando estamos percibiendo a otro, existe siempre un elemento de distorsión que está presente. Esta no es una deformación intencional, es simplemente nuestra perspectiva del otro. La perspectiva se ha definido así, "cómo se ven las cosas desde donde uno está". Por cuanto nosotros inconscientemente leemos el prejuicio personal en lo que vemos, quiere decir que lo que en verdad "es", hasta cierto grado, se ve nublado como ya se ha dicho, no vemos las cosas como *ellas son* sino como *nosotros somos*. Y así es en efecto. Por eso es que dos personas pueden ver un objeto y describirlo en forma diferente. La "percepción emocional" es aún más peligrosa porque no tratamos con realidades objetivas sino con sentimientos y significados. La deformación que resulta de estas percepciones puede ser grande.

4. La otra percepción

La cuarta pareja de socios son las personas que cada una de ambas desea que la otra sea. Esta es la imagen de lo ideal. Todos tenemos una imagen en nuestra mente de lo que el otro debe ser. Esta imagen tiene su modo de deformar lo que pensamos que el otro dice y hace. La imagen en nuestra mente de lo que el compañero perfecto debe ser y hacer, se convierte en una norma contra la cual inconsciente o conscientemente evaluamos a nuestro compañero. Una declaración como esta, "no deberías haber hecho esto" sin duda quiere decir que la conducta de la otra persona está siendo pesada en la báscula de lo ideal y es hallada incompleta.

Después de haber visto las ocho personas en un matrimonio, veamos cómo una situación típica de la vida puede ser complicada por una falta de entendimiento de la complejidad de una relación matrimonial.

Supongamos que Juan se ve a sí mismo como un buen esposo y padre (percepción propia) que entiende que su actuación principal es la de ser un buen proveedor para su familia. Basado en su percepción propia, se conduce de acuerdo con ella (actuación) y se entrega profundamente a su tarea, trabajando largas horas a fin de adelantar en su negocio. Este diario programa de irse de la casa temprano y regresar tarde, se convierte en un estilo de vida. Esto quiere decir que el tiempo que estará con su familia se reducirá al mínimo. Viéndolo desde un punto de vista emocional su esposa no tiene un esposo y sus hijos no tienen un padre.

Por cuanto no satisface las necesidades emocionales de su familia, particularmente las de su esposa, comienza un proceso gradual de separación en las relaciones familiares. El deterioro es tan lento que su esposa casi no lo nota y posiblemente él tampoco lo reconozca.

Al final de un largo y duro día, él regresa a su hogar extremadamente cansado, pero sintiéndose bien porque ha satisfecho su percepción propia de él mismo (la de ser un buen proveedor) trabajando mucho para proveer para su familia. Sin embargo, cuando cruza el dintel de la puerta de su casa al final de su día, su esposa lo recibe con frialdad. Esto él no lo puede entender. Es evidente, sin embargo, que *algo está mal con su esposa*. El hielo se ha acumulado en las lámparas y la atmósfera está congelada. El diálogo entre ambos es mínimo, y cuando lo hay está frío, (con otras parejas quizás sea lo opuesto: mucha conversación, aunque muy candente).

El hombre que ella encuentra al final del día, no es el hombre que él se considera. El que ella encuentra no es el que él percibe que es (percepción del otro). Aunque ella admite que su esposo es un buen proveedor, la imagen que tiene de él es muy diferente de la imagen que él tiene de sí mismo. Ella lo ve como uno que siempre está ausente, nunca está cuando se lo necesita, un esposo y padre ausente. Si esto fuera todo, el cuadro estaría suficientemente complicado, pero hay otra dimensión que empeora el problema. Esto tiene que ver con lo que ella considera ser un buen (ideal) marido y padre. Esta es la imagen de lo ideal.

Esta imagen de lo ideal, que hasta cierto grado existe en la mente de todos, es la norma contra la cual ella mide a su esposo. Para ella, el esposo bueno (ideal) es el que además de proveer bien, pasa tiempo con sus hijos, les da atención personal e íntima, y hace que su esposa e hijos sientan que son muy importantes para él en lo personal y también en lo íntimo. De este modo, el esposo que llega al hogar por la noche no es el esposo que él mismo se cree ser sino la imagen que ella ha hecho de él y que se ha deformado por su imagen de lo ideal.

Hay un gran hueco entre esos "dos esposos" y por eso su recibimiento que encuentra en el hogar no es tibio o amable, sino caliente o frío. Dado que la "realidad" es para uno como uno la vea, tanto el esposo como la esposa tienen razón de sentir lo que sientan respecto al otro. Los dos están "correctos", pero ¿cómo algo tan "correcto" puede ser tan erróneo? La respuesta, por supuesto, es que las percepciones y expectativas de ambos son diferentes. Se ha dicho que en el matrimonio ¡no hay una mujer que reciba lo que ella esperaba, y ningún esposo esperaba lo que está recibiendo! Esta observación es más veraz que jocosa.

Antes de que dos personas satisfagan sus necesidades mutuas tienen que saber cuáles son estas necesidades. Esto sucede solamente cuando aprenden a comunicar sus necesidades la una a la otra. (La comunicación se tratará en el capítulo siguiente.)

Actuaciones Maritales

Entender el papel de uno es de gran importancia para evitar los tropiezos en el matrimonio. Concurren dos clases de actuaciones: lo que uno debe "hacer" y lo que debe "ser": Estudiaremos la naturaleza de estas dos clases y demostraremos cómo afectan las relaciones maritales.

1. Lo que debemos "hacer"

Estos son los papeles que cada sexo percibe que el otro debe cumplir. Hemos llegado a nuestra imagen de lo que nuestros compañeros han de hacer basándonos en dos fuentes principales: (1) El condicionamiento colectivo de la cultura y (2) la influencia del hogar en el cual crecimos. En nuestras culturas hay ideas generalmente aceptadas de lo que es "el trabajo de los hombres" y el "trabajo de las mujeres". Por ejemplo, se "supone" que una mujer debe cocinar los alimentos, limpiar la casa, lavar la ropa y atender a los niños. Del mismo modo, se "supone" que el hombre trabajará para conseguir un sueldo, pintar la casa y hacer reparaciones menores en ella. Hemos desarrollado estos conceptos sin analizarlos. Esto es lo que la gente ha hecho siempre, por tanto determina lo que se "supone" que las parejas hagan. En la mente de cada cónyuge hay una lista muy larga de cosas que se supone que el otro debe hacer. Estas suposiciones se vuelven la base de nuestras expectaciones respecto al otro.

También, el papel de "hacer" lo hemos formado en parte de lo que nuestros padres nos dijeron que eran sus deberes en el matrimonio. Así que lo que nuestros padres hicieron, se vuelve nuestra norma no analizada de conducta en el matrimonio.

2. Lo que debemos "ser"

Y así como hay ideas preconcebidas de lo que el otro debe *hacer*, hay también ideas preconcebidas de lo que el otro *es*. Por ejemplo, el esposo debe ser agresivo, la esposa debe ser pasiva; el esposo debe ser decisivo, la esposa, contemplativa.

En este caso también estos conceptos nos han llegado sin que nadie los dispute o analice. Pero aunque así sea, estas ideas tienen un profundo impacto en nuestras relaciones con nuestro matrimonio aun antes de que se inicie.

Estas semillas son las expectaciones que cada uno tiene de lo que el otro debería hacer y ser.

Para que el matrimonio funcione con mínimo de fricción tiene que haber un entendimiento claro de estas dos clases de actuaciones. Y aquí está uno de nuestros más grandes peligros. No es fácil que dos personas puedan definir con claridad este papel de hacer y ser. Cuando los papeles no se entienden clara y mutuamente, cuando no los adoptamos internamente en nuestro estilo de vida y cuando no los *cumplimos* en forma satisfactoria, darán por resultado la tensión.

Una pareja necesita ir más allá de las ideas generalmente aceptadas de lo que esposos y esposas deben hacer y ser, y ha de definir para ellos mismos lo que *este* esposo y *esta* esposa deben hacer y ser. Y teniendo bien definidas estas actuaciones, aceptándolas mutuamente, pueden proceder a satisfacerlas satisfactoriamente. Esto es muy fácil de decir pero muy difícil de hacer. La razón de esta dificultad es que nuestras percepciones están profundamente enraizadas en nosotros, y es difícil alejarse de ellas. Además, estamos convencidos de que nuestras percepciones están "correctas", lo que quiere decir que las percepciones del otro son un tanto estúpidas y sobre todo erróneas.

Las parejas tienen que estar dispuestas a comparar sus percepciones. Trabajando con los datos derivados de esta clase de diálogo, deben llegar a una decisión práctica sobre el "hacer" y "ser" para cada uno.

La formación de un matrimonio

1. La presencia de una cabeza y de un corazón

Escritores como Theodor Bovet y William Hulme usan el término *cabeza* y *corazón* para describir las características particulares de los dos sexos que entran en una relación de matrimonio. El término *cabeza* es un término bíblico, como puede verse en Efesios 5. Representa el papel del hombre en el matrimonio. El término *corazón* representa el papel de la mujer en la relación. No es un término bíblico, pero aunque la palabra de Dios no dice que la mujer es el corazón de su hogar, la deducción está allí en varios puntos de la Escritura. Proverbios 31, que describe a la mujer virtuosa, es un ejemplo de esto.

Las dos personas que componen un matrimonio traen dos características muy únicas a la relación. Las funciones muy únicas del hombre son las de planear, dirigir, proveer y ganar. Y las funciones únicas de la mujer son unir, proveer calor y dar.

Decir que el hombre tiene la tendencia de moverse en la vida desde el punto de vista de la razón y que la mujer tiende a moverse en la vida guiándose por el concepto de la emoción, no quiere decir que el hombre no sea emocional y que la mujer sea irracional. Más bien, es decir que por acondicionamiento cultural y posiblemente por cierto grado de naturaleza, los dos sexos con frecuencia son bien diferentes en su orientación hacia la vida. Sicológicamente, el hombre trae a sus relaciones aquello que la mujer no trae, y la mujer trae a sus relaciones aquello que el hombre no provee. Cada uno, entonces, complementa al otro trayendo áreas específicas de fuerza al matrimonio.

Algunos hombres no entienden lo que quiere decir ser la cabeza de la casa. Creen que quiere decir estar en posición de autoridad en el sentido de ser autoritario. El papel del hombre es de autoridad, pero no debe ser autoritario. Es el autoritarismo de los hombres a lo que muchas mujeres se oponen, y con razón. Si él es la cabeza de la casa, su esposa lo sabrá y lo aceptará. Sus hijos también lo sabrán y lo aceptarán. Esto quiere decir que él no tiene que andarlo publicando. Cuando la autoridad es aceptada, no se necesita proyectarla.

Algunos hombres débiles quieren convencerse de que son fuertes. Hacen alarde de que están a cargo de la casa. Pero el modo en el cual el hombre es la cabeza de la casa no es el de ser un dictador o un tirano. La Biblia dice que debe ser la cabeza de la esposa *como* Cristo es la cabeza de la iglesia. Esto lo pone en un cuadro diferente de referencia que el de autoritarismo.

La mujer representa el corazón del hogar. Antes de que se desarrollara la calefacción moderna, la familia se reunía junto a la chimenea por sus alimentos, amistad y calor. Así como la chimenea proveía calor físico, la mujer trae calor emocional a su familia. Generalmente la mujer es quien fija la temperatura emocional en el hogar.

Las dos actuaciones de cabeza y corazón no están en competencia. Una no es más importante que la otra. Más bien se complementan entre sí.

2. La ausencia de la voluntad propia

Una de las cosas que causan grandes crisis en los matrimonios es la disposición, de parte de uno o de los dos compañeros, de cambiar al otro. Cuando este proceso comienza a tomar efecto, quiere decir que inevitablemente dará lugar a un grado de crisis en la relación. Cuando uno se entromete con el perímetro de la personalidad del otro, para cambiar los límites del otro ser, encontrará resistencia. Esto causa conflicto, porque el sentido de la identidad de uno es amenazado. A las personas les disgusta ser manipuladas, o forzadas dentro de un molde. Es tanto como negarles su personalidad.

Cuando da lugar a este proceso (ya sea el esposo cambiando a la esposa, o viceversa), el mensaje sicológico que se le está enviando al otro es: "No me gustas como eres. Yo te amaría si cambiaras". Esto se llama un amor condicional. Esto dice a la otra persona: "No te acepto como eres. Solo te aceptaré si te conviertes en la clase de persona que yo quiero que seas". Amor con un "si" condicional no es amor.

La Escritura nos dice con claridad y sabiduría en Efesios 5:21 cómo debemos tratarnos el uno al otro, no solamente en relaciones maritales sino en todas nuestras relaciones. El mandamiento es, "Sujetaos los unos a los otros en el temor de Dios". La llave a la relación no es dominar al otro sino someterse el uno al otro.

Cristo es el patrón para los esposos: "Esposos, amad a vuestras esposas como Cristo amó a la iglesia". Cualquier esposo que ame a su esposa como Cristo amó a la iglesia encontrará que su esposa le aceptará con alegría en el papel de cabeza de la casa. La mayoría de las mujeres, no importa qué tan inteligentes, creadoras o ingeniosas sean, quieren que su esposo sea el líder. Hay muchas mujeres fuertes creativas, inteligentes y capaces de dirigir todo el hogar, que son tan fuertes como para llevar todo el peso del hogar, y aun el del esposo. Pero son pocas las que quieren hacerlo aunque sean capaces. Quieren hombres fuertes a cargo del hogar como Cristo ha tomado la dirección de la iglesia.

Analizando el versículo final del clásico tratamiento de matrimonio en Efesios 5, nos maravilla el genio de la Escritura. Pablo dio estos mandamientos a los cónyuges: Esposos, amad; esposas, respetad. Dios sabe que lo que cada mujer necesita es el amor de su esposo, y Dios sabe también que lo que cada hombre necesita es el respeto de su esposa.

En cierta iglesia famosa se practicó una tradición por muchos años. Después de la ceremonia matrimonial el ministro le decía a la novia: "Ahora tira de la soga que hará repicar la campana anunciando a la comunidad que se realizó tu boda". En realidad se trataba de una trampa; no había mujer que tuviera fuerzas suficientes para tirar la cuerda para hacer sonar a la campana.

La novia tiraba y hacía todo lo que podía, pero la campana no sonaba. Entonces el ministro le decía al novio: "Ayúdale a tirar de la soga". Los dos intentaban juntos y sus fuerzas combinadas hacían que la campana sonara anunciando a la comunidad que la boda se había realizado. Entonces el ministro les decía: "Así es como debe ser el matrimonio de ustedes. Será más fácil si los dos tiran juntos siempre".

PREGUNTAS PARA ESTUDIO

1. ¿Cuál es la mayor de las causas de conflicto en las relaciones matrimoniales?

2. ¿Cómo deben las parejas tratar sus diferencias sin agrandar el conflicto?

3. ¿Cuáles son algunas otras diferencias sicológicas en los sexos que no se mencionaron en el capítulo?

TAREA

1. Escriban el esposo y la esposa por separado sobre: (1) lo que yo pienso que debo hacer y ser, (2) lo que pienso que mi compañero debe hacer y ser y (3) cómo percibo lo que mi compañero piensa que yo debo ser y hacer.

2. Comparen sus resultados con su cónyuge y permitan que esto sea la base para definir con mayor claridad sus actuaciones.

CAPÍTULO IV

Las relaciones padre e hijo

En este capítulo estudiaremos las relaciones padre e hijo a la luz de la parábola del hijo pródigo según Lucas 15. Esta parábola es clásica tanto en las relaciones de Dios con el hombre, como en las relaciones de padre con hijo. Un estudio de las dos figuras principales en la parábola –el padre y el hijo– provee valiosa información que nos ayuda a vivir con otros seres íntimos en el hogar. Antes de seguir con el capítulo, lea usted la parábola.

Autoridad y libertad: La tensión inevitable

Todo joven normal busca su libertad. Es tan natural como la vida misma. Sin un completo reconocimiento de esta necesidad básica en la juventud, los padres no podrán enfrentarse al comportamiento y las actitudes de sus hijos quienes buscan obtener la libertad tan deseada. No es de dudarse que *haya* tensiones entre los padres y los hijos; más bien es asunto de qué *tanta* tensión habrá.

Así como cada joven necesita buscar su libertad, cada padre necesita ejercitar su autoridad. La autoridad y la libertad son opuestas. Y cuando estos polos opuestos se encuentran, especialmente bajo el mismo techo, la tensión resultará inevitablemente. Esto quiere decir que cuando la autoridad o la libertad busca satisfacerse, sin lugar a dudas frustrará la satisfacción de la otra. Sin el freno de la autoridad, la libertad tendrá campo libre hacia su destino; sin las características limitativas de la libertad, la autoridad puede tener camino despejado hasta su meta.

La necesidad de autoridad no es la misma clase de necesidad que la de la libertad. Esta es común a la naturaleza humana; aquella se impone por un sentido de responsabilidad. Es por esto que necesitamos hablar de la necesidad de la libertad como una cosa *natural* y de la necesidad de autoridad como algo *adquirido*. Y ya sea *natural* o *adquirida,* cada una se vuelve parte de la personalidad de quien la tiene.

El no reconocer la naturaleza de la necesidad de libertad hace que muchos padres no comprendan la conducta y actitudes de sus hijos. Ellos ven estas actitudes y conducta como una amenaza a su autoridad paterna y en cierto sentido lo es. Pero hay una diferencia entre una amenaza a la autoridad y una amenaza al que *tiene* la autoridad. Así que la resistencia a la autoridad se interpreta como una resistencia al padre. Esto da por resultado que el padre sienta que su personalidad está siendo amenazada. Y en cierto sentido así es, solo que no del modo como el padre lo percibe.

Y el que sea natural que un joven quiera ser libre no quiere decir que entienda lo que la libertad es, o que sepa cómo usada. Este fue precisamente el problema del hijo pródigo. Lo que quería –libertad– era correcto y natural; pero cómo la interpretó y lo que hizo con ella era incorrecto. Él interpretó que el ser libre era hacer exactamente lo *que* él quería y cuando quería, sin detenerse por las normas éticas o por consideraciones interpersonales. De modo que su acción, basada en una percepción impropia, demostró que no sabía lo que era la libertad ni cómo usarla.

Una libertad pagada al precio de otra libertad, es una libertad mal comprendida. El hijo insistió en hacer su voluntad sin consideración de lo que le pasaría a su padre.

Esto fue un aspecto de su decisión y acto equivocados. Esta es una de las preocupaciones más críticas en este asunto de autoridad y libertad, el *cuándo* de la libertad.

Desde que el niño nace el padre inicia el proceso de soltar. Esto es, el padre inmediatamente se confronta con el imponente conocimiento de que vendrá el día cuando ese niño quedará fuera de su control. El sentido de responsabilidad que un padre experimenta es algo que ningún niño puede comprender hasta que él mismo se convierte en padre. Y claro, para entonces ya es demasiado tarde. Con este sentido de responsabilidad viene el conocimiento de que tiene que emplear suficiente autoridad sobre el muchacho para que cuando llegue el momento final de soltarlo, el hijo tendrá dentro de él las cualidades necesarias para que pueda dirigir su vida en forma responsable.

Cuando se encuentran la autoridad y la libertad, habrá tensiones, habrá conflictos, y habrá crisis. Para tratar bien estas tensiones, junto con la posibilidad de conflicto y crisis, se necesitará toda la comprensión, consideración y amor que tanto el padre como el hijo puedan alcanzar. Y también se necesitará toda la gracia de Dios que los dos son capaces de recibir.

Otra de las dimensiones de lo equivocado de las acciones del hijo pródigo es lo que le hizo a él mismo. Su problema era el *contenido* de la libertad. Para él, ser libre quería decir sacrificar todos los demás valores por el "valor" de hacer solamente lo que el aspecto sensual de su ser le dictara. Pero encontró que la libertad tiene límites.

También aprendió como dijo Epicteto que "no hay hombre malo que sea verdaderamente libre". La libertad del pródigo se volvió una esclavitud peor que la "esclavitud" que había tenido antes. Una valoración exacta de libertad es saber qué clase de cautiverio escoger. Una existencia sin cautiverio no existe. Ser libre quiere decir estar libre para escoger los límites en que uno vivirá. Esto es

57

algo que el pródigo no sabía. Desgraciadamente, es algo que muchos jovencitos ignoran. Los padres, por regla general, *saben* todo esto y se conducen de acuerdo con ello. Aquí yace la inevitabilidad de la tensión entre la autoridad y la libertad.

No hay respuestas fáciles para el problema. La persona que sugiere respuestas de rutina a estos dolorosos problemas, demuestra que personalmente no ha navegado por estas aguas inquietas. No es modestia lo que hace que este escritor sea cuidadoso; es la experiencia. Solo hay dos grupos de personas que tienen todas las respuestas sobre cómo ayudar a educar a las criaturas: (1) el que no tiene hijos y (2) los padres desmemoriados. Los demás todavía andan buscando soluciones. Un viejo proverbio inglés dice: "El que no tiene hijos sabe cómo educarlos". Se cuenta acerca de un joven sicólogo que acababa de recibir su doctorado en sicología infantil, que hablaba con gran autoridad sobre el tema: "Diez reglas para educar a los niños". Cuando tuvo sus propios hijos, cambió el título de su plática a "Diez sugerencias para educar a los niños". Para cuando sus hijos eran adolescentes, cambió otra vez el título a "Diez preguntas sobre cómo educar a los hijos". Muchos padres han experimentado esta transición, de seguridad a ignorancia conforme han tratado de crecer con sus hijos.

Mas a pesar de estas negativas desmoralizantes, existen algunas directivas para los padres e hijos, que al seguirlas el hogar se convertirá en un buen lugar para vivir y para demostrar amor. Examinemos estas directivas:

Patrones para los hijos

1. Admitir el fracaso

Los padres podrían tratar mejor los errores de la conducta de sus hijos si estos admitieran sus fracasos. Pero, por supuesto, esto no es fácil para nadie. Va en contra de la naturaleza humana. Puesto que admitir un fracaso se ve como una debilidad antes que fuerza (como en realidad lo es), la mayoría considera muy difícil admitir sus errores. La palabra *errores* tiene que ver con las fallas –formas impropias de sentir, hablar, y conducirse.

La admisión de los fracasos es tanto una dimensión de actitud como de conducta. Un padre maduro no logra satisfacción al saber que su hijo *estaba* equivocado o que *admitió* estar equivocado. Sin embargo, cuando un muchacho admite su fracaso, está reflejando una actitud sana acerca de sus acciones pasadas, y esto ayuda al padre a creer que tal actitud ayudará al muchacho a no repetir esta clase de conducta. Ningún padre maduro responderá con un "te lo dije" cuando este hijo le dice: "Estaba equivocado". La confesión tiene que ver con la acción pasada, por supuesto, pero un padre relaciona este espíritu arrepentido a la conducta de su hijo en el futuro. Es esta dimensión ulterior la que alegra al padre, porque siente que su hijo se ha dado cuenta de su error y que no lo repetirá. Como nuestro Padre celestial, el padre se deleita no con oír el pasado equívoco, sino en anticipar un futuro correcto.

Esto fue precisamente lo que el padre del hijo pródigo hizo. Claro que necesitaba oír el "estaba equivocado"; pero una vez que lo oyó, el padre de inmediato restauró al hijo errante a su posición anterior. Los padres pueden complicar una tarea ya bien difícil, de admitir el fracaso, haciendo que sus hijos estén en el punto de confesión por mucho tiempo. Nada se gana con hacerlo, y sí se pierde mucho. Como el padre de la historia, los padres deben rápidamente cambiar de confesión a recepción en el mínimo tiempo posible.

No es difícil ver el porqué de esto. Hay un dolor profundo en la confesión que resulta del hecho de que la personalidad de uno ha sido amenazada. El prolongar la confesión no hace nada para el hijo ni para el padre.

Los hijos se deben a sí mismos, tanto como a sus padres, admitir sus fracasos. Una rápida admisión de fracaso, no le será doloroso y le ayudará a sentirse mejor. Y también hará que el padre se sienta mejor hacia su hijo y hacia su actuación como padre. Todo esto servirá para que los dos estén libres para tratar la relación desde un punto de vista positivo.

Una gran necesidad de autenticidad existe en casi todas las personas. El sentido de autenticidad resulta de ser honrado con uno mismo y con los demás. La persona que es capaz de trabajar en su propio terreno para saber quién es y admitir lo que ha hecho, recibe la recompensa de sentirse auténtico y transparente. Aunque sea doloroso, hacerlo es señal de madurez. Esto quiere decir que la energía síquica que ha sido usada para mantener sus defensas puede ser dirigida hacia maneras de relación y de conducta más satisfactorias emocionalmente. El admitir nuestros fracasos mutuamente nos despoja de nuestras defensas paralizantes para que lleguemos a ser la persona auténtica que necesitamos ser.

2. Buscando el perdón

Cuando el hijo busca el perdón de sus padres, hace más por ellos que lo que se imagina. El buscar el perdón es un símbolo para el padre de que ha habido un gran cambio de actitud en el muchacho. El principal interés de lòs padres es el de formar actitudes correctas en sus hijos. Así que cuando el hijo pide perdón, el padre confronta la realidad de los dos situaciones trascendentes: (1) Su hijo está revelando que su actitud está mejorando y, (2) su trabajo de padre está siendo premiado.

Cuando un muchacho se porta mal, refleja que ha percibido erróneamente y que se está conduciendo de acuerdo con su error. Esto hace que el padre esté ansioso por su hijo y por él mismo. Sin embargo, cuando un hijo admite su fracaso y busca perdón, el padre se siente mejor por su hijo y por sí mismo. Es así porque el hijo está mejorando, que es lo que el padre quiere. Además, el padre siente que su educación está produciendo el resultado que busca. Viendo un cambio en su hijo es la única forma inmediata con que el padre cuenta para determinar la efectividad de la educación de su hijo.

En una confesión genuina hay siempre un elemento de contrición. Dios nos dice que no despreciará al corazón contrito y humillado (Salmos 51:17). La contrición es un profundo sentimiento de tristeza por un acto malo que uno ha cometido. Cuando el pródigo regresó al hogar, sabía que no se merecía el lugar de hijo, así que suplicó con determinación un lugar de sirviente. Esto es contrición. Es reconocer que la conducta equivocada de uno, en cierto modo tiene que ser expiada. El pródigo se propuso que su confesión sería genuina y completa: "Padre, he pecado contra el cielo y contra ti. Ya no soy digno de ser llamado tu hijo; hazme como a uno de tus jornaleros" (Lucas 15:18-19). Eso lo cubría todo; no había nada más que fuese necesario decir. Es interesante notar que cuando se encontraron, el hijo fue interrumpido por el padre antes de que le pudiera decir: "Hazme como a uno de tus jornaleros". El padre estaba tan alegre de tener a su hijo de regreso que de inmediato comenzó a dar órdenes para los preparativos de una celebración. La disposición del hijo de ser un jornalero hizo que el padre lo recibiera como hijo.

Uno de los puntos más grandes de tensión en nuestros hogares podría mejorarse rápidamente si los hijos pidieran el perdón con tan sinceridad como lo hizo el hijo pródigo, y los padres proveyeran el restablecimiento tan rápidamente como el padre de la historia. Alexander Pope dijo: "Errar es humano; perdonar es divino".

3. Aceptando la autoridad

Si el pródigo tipificaba la juventud, y en realidad eso era, fue la autoridad del padre la que no le dejaba ganar su libertad. El hijo estaba cansado de reglas, reglamentaciones, barreras y restricciones, así que se fue lejos del país. Soñaba con una existencia libre donde pudiera ser libre y hacer lo que quisiera. Su sueño se volvió una pesadilla y al fin "volvió en sí". Se dio cuenta. Comparó su condición presente con su posición anterior y no le gustó la realidad. Su libertad lo había llevado a una esclavitud más grande de la que antes había conocido. Encontró que en lugar de estar libre del control de autoridad, solamente había cambiado las figuras de autoridad en su vida. Pero sí ganó enormemente en su comprensión de la vida. Se dio cuenta de que aunque no podía escapar de la autoridad, tenía la libertad de escoger su figura de autoridad.

Antes de aceptar una *figura* de autoridad, uno tiene que aceptar el concepto de autoridad. Si una persona no puede aceptar la idea de autoridad, tendrá gran dificultad en aceptar una figura de autoridad. El pródigo decidió que si él iba a ser controlado, sería controlado por alguien de casa y no por un extraño. Esto fue una intuición salvadora. Fue entonces cuando comenzó su regreso al hogar. Se dirigió al hogar a aceptar la misma autoridad de la que poco antes había escapado.

Los padres se ayudarían mucho en su tarea al enfocar sobre la *idea* de autoridad, en vez de meramente ejercer autoridad sin explicar el "porqué". Es decir, el niño debe entender el propósito de la autoridad y el porqué tiene que ser ejercitada a fin de que sea más fácil para que él responda hacia ella. (Note que decimos "más fácil", no "fácil".)

Los jóvenes resienten y respetan la autoridad al mismo tiempo. Aunque el joven sabe que necesita ser controlado, resiste y se opone a este control. Solamente cuando la persona acepta, absorbe el concepto de la necesidad de autoridad, solo entonces puede vivir bajo su control. Pero no es fácil hacer tal cosa, como muchas personas pueden atestiguarlo.

Algunos padres no saben qué hacer con la protesta en contra de la autoridad. Por desgracia, muchos padres llegan a uno de estos dos extremos cuando confrontan la resistencia: (1) se vuelven más rígidos en controlar o, (2) quitan completamente el control. Lo primero crea hostilidad; lo último crea inseguridad. Ninguno de los dos se benefician, ni el padre ni el hijo.

Un estudiante universitario, proveniente de una familia de 13 hijos, le dijo a su consejero que sus padres prácticamente no ejercían ningún control sobre ellos. Dijo que ellos podían hacer lo que quisieran en cualquier tiempo. Confesó que sentía celos por aquellos amigos cuyos padres los hacían obedecer. Él sentía la necesidad de ser controlado. Sin embargo, aunque esto era verdad, debemos decir que este mismo jovencito que quería y necesitaba el control habría resentido y resistido los controles sobre él. Esta ambivalencia hacia la autoridad debe resolverse con éxito antes de que la persona alcance el nivel de madurez necesaria para funcionar apropiadamente. Algunos niños resuelven este problema con facilidad, pero la mayoría lo hacen con lentitud y dolor. El dolor lo experimenta no solamente el muchacho sino también el padre.

Algunos hijos nunca resuelven el problema de la autoridad. Crecen y se van de la casa, pero transfieren su hostilidad a otra autoridad (como la policía y los ministros), o instituciones (como la iglesia y el gobierno), y viven sus vidas en protesta de lo que ellos perciben como una amenaza hacia su personalidad. En tal condición triste, nadie gana y todos pierden. Pero el que pierde más es el que no ha resuelto el problema de la autoridad en su vida.

Patrones para los padres

La parábola del hijo pródigo no solo brinda un molde para los hijos, sino que también provee orientación para los padres. Analicemos las mismas para determinar lo que Dios les dice a los padres.

l. Desarrollando responsabilidad al mismo tiempo que la autoridad disminuye

El propósito de la autoridad es desarrollar responsabilidad. La función de la autoridad es preparar al niño para el tiempo cuando el control paternal termine y él se gobierne por sí solo. Idealmente, la autoridad paternal debe alcanzar su mínimo cuando la responsabilidad juvenil llegue a su máximo. Desafortunadamente, lo ideal pocas veces se alcanza si es que se obtiene. Esto se debe a muchas razones, una de las cuales es que las percepciones de la responsabilidad son tan marcadamente diferentes para el padre y para el hijo. Esto es, cuando ambos ven la misma cosa (responsabilidad), cada uno ve algo diferente. Lo que el hijo quizá vea como una conducta responsable, el padre lo puede ver como una acción irresponsable. Por cuanto la realidad para una persona es la manera en que él la ve, tanto el padre como el hijo pueden estar en lo "correcto", aunque también pueden estar bien separados.

En esta situación, ¿a quién se puede culpar por la tensión resultante? Probablemente a los dos. Los padres tienen la tendencia de ver menos de lo que hay y los hijos tienden a ver más de lo que hay. En ambos casos, esto es muy típico. Los padres con frecuencia son muy estrictos con sus hijos en un modo equivocado. O sea, tienen la tendencia de encontrar muy rápido la falta en sus hijos. Esto quiere decir que caen con facilidad en la rutina de quejarse de pequeñeces sin importancia. Esto no ayuda ni a la situación ni al hijo. Los padres deben recordar las palabras de Pablo, cuando dice que los padres no deben provocar a ira a sus hijos (Efesios 6:4).

Los hijos tienen la tendencia de olvidar rápidamente su conducta pasada de irresponsabilidad, y de darle atención a cómo sienten que deben manejar las situaciones presentes. Aquí yace la posibilidad de la tensión: los padres tienen la tendencia de leer el pasado dentro del presente; los hijos tienden a olvidar el pasado y a recalcar el presente. Esto da por resultado un grado de deformidad en las percepciones de cada uno.

Ningún padre emocionalmente maduro, prolongará innecesariamente su autoridad. Los hijos con frecuencia sienten que sus padres hallan satisfacción al ejercer su autoridad. Resulta muy fácil entender por qué se sienten así. Para ellos, parece que los padres siempre están poniendo limitaciones, imponiendo reglas y administrando disciplina. Y así es. De hecho no pueden hacerlo de otro modo si quieren desarrollar a sus hijos como ciudadanos responsables.

Adán y Eva fueron los únicos padres que no dijeron: "Los hijos de hoy ya *no* tienen responsabilidad". Desafortunadamente el resto de nosotros hemos invocado el pasado sagrado por sobre el presente mundano diciéndoles a nuestros hijos: "Ustedes no son tan responsables como los hijos acostumbraban serlo", lo cual traducido quiere decir: "Tú no eres tan responsable como yo fui a tu edad". Un padre que procuraba ilustrar lo que significaba la responsabilidad, le dijo a su hijo: "Cuando Abraham Lincoln tenía tu edad, trabajaba en la vía del tren por 16 centavos al día". El hijo le replicó: "Y cuando tenía tu edad ya era Presidente".

Si el propósito de la autoridad es desarrollar responsabilidad, la autoridad innecesariamente impuesta solo servirá para aumentar la tensión entre las generaciones. La tan famosa "brecha generacional" no es una brecha de edad, sino entre la autoridad y la libertad. El padre pudo haber extendido su autoridad sobre el hijo pródigo, pero escogió liberarlo antes que restringirlo. El padre sabía que su hijo no estaba *preparado* para irse aunque *quería* irse. El padre también sabía que el prolongar la autoridad solo intensificaría la hostilidad. ¡Qué alternativa fatal: libertad o restricción! Ninguna opción ofrecía una consecuencia atractiva. El padre escogió el mal menor y liberó a su hijo, sabiendo que este no había alcanzado la responsabilidad. Yo pregunto, ¿qué satisfacción resulta de tal opción? Ninguna. Pero los padres están confrontando con frecuencia la realidad de escoger entre dos alternativas sin atracción. Esto es parte de ser padre de adolescentes.

En contraste a esta situación desagradable, muchos padres han experimentado la profunda satisfacción de ver a sus hijos llegar al punto de separación sabiendo que ya están listos para ello. Este es uno de los pagos más placenteros de ser padres. Y cuán agradable es.

2. Dejándolos cuando todavía nos preocupamos por ellos

El padre dejó que el hijo se le escapara de las manos, pero nunca lo dejó salir de su corazón. Cuando el hijo se fue, había una separación geográfica del padre, pero no una separación emocional. Esta es la naturaleza del amor: soltar cuando uno todavía se preocupa.

Al principio dijimos que un padre comienza a dejar a su hijo en el momento que nace. Esto es, se inician los preparativos inmediatamente para el tiempo cuando el niño sea grande y se vaya. Cuando este tiempo llega, y es inevitable que llegue, los controles externos finalmente terminarán, pero los controles internos de amor e interés nunca se dejarán. En un sentido real, estos se liberan solo con la muerte.

Los padres son siempre padres, cualquiera que sea la edad de sus hijos. Nunca dejan de preocuparse por ellos. El amor suelta una vez, pero se interesa siempre.

Los consejeros, sicólogos, y siquiatras informan que muchas personas descubren únicamente en sus años de adultos que en verdad fueron amados cuando niños. Para muchos, esto llega como una revelación sorprendente. Para otros es una revelación que llega demasiado tarde. Los sentimientos de no ser amados se han incrustado tanto en sus conceptos propios que ellos mismos no pueden amar de un modo apropiado ni tampoco pueden creer que alguien los ame. Y como resultado, viven con un intolerable sentido de alejamiento. ¿Qué les dice esto a los padres? Quiere decir que ellos tienen que tener cuidado de comunicar el amor por sus hijos de manera que se reconozca entre el trueno y el relámpago de la administración de autoridad. Si los padres serán recordados solo por sus manos pesadas y no por sus corazones amorosos, sus hijos no se olvidarán mientras vivan.

El *ser* amado y *sentirse* amado son dos cosas diferentes. Si un niño no *siente* que es amado, para él es lo mismo que no *ser* amado. Muchos padres que en verdad aman a sus hijos se espantarían si supieran que sus hijos no se sienten amados. La comunicación puede ser hablada o sin palabras. Debe ser ambas, pero *tiene* que ser comunicada para fines prácticos (emocionales), o no existe.

3. *Recibiendo hijos, no empleando sirvientes*

Cuando el hijo pródigo regresó, quería ser empleado como sirviente, pero fue recibido como un hijo. A veces los hijos sienten que la única razón por la que sus padres los quieren es para ver qué tanto trabajo sacan de ellos. Con frecuencia se quejan de que todo lo que oyen de sus padres es: "trabajo, trabajo, y más trabajo". Un examen cuidadoso revela que esto incluye limpiar su cuarto, hacer un poco de aseo en el patio o trabajo de casa. ¡Qué lástima! Pero una vez más, esto es viéndolo con ojos de padre. Para el muchacho estas pequeñas tareas no son tan pequeñas. ¿Quién tiene la razón? Esto depende de la perspectiva, y perspectiva se define así: "cómo se ven las cosas desde donde uno está".

No, los padres no tienen hijos para ver qué tanto trabajo pueden obtener de ellos, pues hay modos más económicos de obtener a alguien que haga la labor, y más fáciles. Un cálculo de la cantidad de trabajo que se recibe a cambio del costo de todo, nos revelará que el trabajo de los hijos es carísimo. Los padres anhelan que sus hijos entiendan esto. Y lo comprenderán cuando sean bastante mayores. Mientras tanto, el asunto del "trabajo" estará siempre presente.

El hijo pródigo regresó al hogar con la esperanza de llegar a ser solo un sirviente. Se sorprendió al encontrar que lo recibían como hijo. Lo que él no sabía era que su padre contaba con todos los sirvientes que necesitaba, pero le faltaba el hijos que necesitaba. Solo le faltaba uno, ¿no podía dejarlo así? Seguro que no. Hay una gran diferencia entre ser un sirviente y ser un hijo. Los padres saben esto, pero los hijos con frecuencia no lo entienden; por tanto, es obligación de los padres hacer bien la distinción en las mentes de sus hijos.

Los padres tienen hijos porque quieren hijos, no trabajadores. Esto tiene que comunicarse de modo que ellos lo comprendan muy bien, pues de no ser así crecen con la idea de que su valor descansa en *lo que hacen,* y no *en lo que son.*

Conclusión

El formar hogares mejores es una gran empresa para el padre y para el hijo. Ninguno puede hacerlo solo; y en realidad, tampoco pueden hacerlo juntos sin la ayuda de Dios. Un hogar no se vuelve cristiano solo por llamarlo así. Se vuelve cristiano solamente cuando sus moradores han decidido seguir las direcciones para las relaciones que Dios ha prescrito. Procuremos vivir por los preceptos de Dios en su Palabra mientras vivimos en el hogar. Solo entonces nuestro hogar puede ser verdaderamente cristiano.

PREGUNTAS PARA ESTUDIO

1. ¿Cuáles son algunas de las cualidades en el hijo pródigo arrepentido, que los hijos pueden adaptar y que contribuirían a una mejor vida en el hogar?

2. ¿Cuáles son algunas de las cualidades en el padre del hijo pródigo, que los padres pueden adaptar y que contribuirían a una mejor vida en el hogar?

3. ¿Sería normal que los hijos no protestaran en contra de la autoridad paterna?

4. ¿Qué es más fácil: (1) ¿*Tener* autoridad; o (2) estar *bajo* autoridad? ¿Por qué?

5. ¿Cómo pueden los hijos protestar en contra de la autoridad sin demostrar falta de respeto hacia sus padres?

6. ¿Cómo pueden los padres ejercer su autoridad sin volverse autoritarios?

TAREA

1. Concerte una reunión familiar y discuta el asunto de la autoridad paterna, estando seguro de que las percepciones de los padres y los hijos se entienden mutuamente.

2. En la reunión familiar, que tanto el papá y la mamá como el hijo escriban una frase sobre lo que es el propósito de la autoridad.

3. Discutan también por qué y cómo se tiene que administrar la disciplina.

CAPÍTULO V

Comunicación y relaciones

La función de la comunicación

Cuando dos personas entablan una relación, aparece siempre un vacío entre ellas. El vacío es falta de entendimiento. Si ese vacío no se cubre, puede llegar a causar malas interpretaciones. Es función de la comunicación estrechar el vacío entre las personas para que haya el mínimo de distancia sicológica entre ellas.

Entramos en relaciones íntimas porque tenemos una profunda necesidad de relacionarnos con otros, y de ser uno con ellos. Pero aunque deseamos intimidad emocional, al mismo tiempo le tenemos miedo. Esta ambivalencia, el sentimos en dos modos opuestos al mismo tiempo, tiene mucho que ver con las dificultades que muchas personas experimentan en desarrollar relaciones más profundas. Instintivamente sabemos que el explayarnos nos hace vulnerables al dolor. Sin embargo, *queremos* amar; en verdad, tenemos una *necesidad* profunda de amar y ser amados.

Pero el temor de amar es a veces mayor que la *necesidad* de amar. Por esto nos encontramos sicológicamente separados el uno del otro. Y aunque podríamos lastimarnos en el proceso de comunicación, hemos de saber que la comunicación nunca ha sido diseñada para herir. Si en la relación no hay confianza, el proceso de la comunicación se hunde, se desarrolla una distancia sicológica, y comienza a volverse más difícil el entenderse uno al otro.

Cuando las personas en cierta relación no se comunican, viven juntas, pero separadas. Para cambiar la terminología, viven incomunicados aunque estén juntos. Aunque estén juntos en lo físico, están separados en lo emocional. Es función de la comunicación estrechar el vacío para que las dos personas puedan "verse" y "sentirse" una a la otra más fácilmente.

Obstáculos para la comunicación

Es de sorprender y frustrante descubrir con qué facilidad se interrumpe la comunicación en las relaciones íntimas. Uno pensaría que dos personas que en verdad se quieren pudieran dialogar fácilmente con poco o sin ningún conflicto entre los dos. No obstante, algunas veces la comunicación entre nuestras relaciones más íntimas se interrumpe, los mensajes no se reciben ni se envían, y nos separamos emocionalmente de aquellos que son nuestra vida. La razón es que hay mucho entre nosotros que impide que nuestros mensajes nos lleguen. Hay paredes, y hemos de saber cuáles son y por qué obstruyen el diálogo. Sin tal entendimiento, habrá pausas en la comunicación y nuestras relaciones serán frustradas y vacías.

El esquema en la página que sigue ilustra las paredes entre personas que evitan que los mensajes pasen entre ellas.

Estas bardas se pueden comparar a una densa y crecida selva. En tal situación, dos personas pueden estar juntas geográficamente. Pero las plantas pueden obstruir la vista entre los dos, dando por resultado sentimientos de soledad y de separación. Examinemos algunos de estos obstáculos que pueden destruir la comunicación.

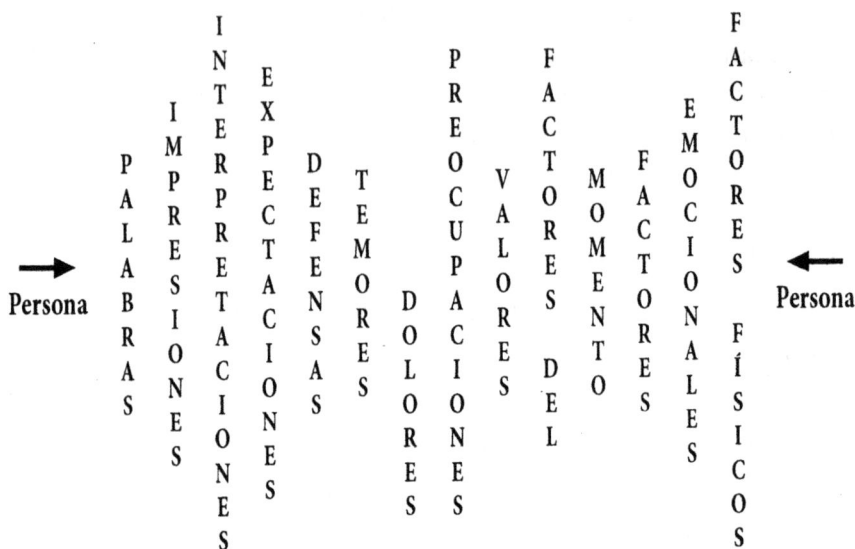

Persona → PALABRAS · IMPRESIONES · INTERPRETACIONES · EXPECTACIONES · DEFENSAS · TEMORES · DOLORES · PREOCUPACIONES · VALORES · FACTORES DEL · MOMENTO · FACTORES · EMOCIONALES · FACTORES FÍSICOS ← Persona

1. Palabras

Las palabras se usan para expresar un pensamiento, sentimientos y significados. Sin el uso de las palabras, una comunicación con sentido sería casi imposible. Pero las mismas palabras pueden ser el obstáculo. Reuel Howe, en su excelente libro intitulado *The Miracle of Dialogue,* [El milagro del diálogo], enseña que el lenguaje mismo puede ser una barrera para la comunicación porque las dos personas tal vez no tengan un entendimiento común de las mismas palabras. No es suficiente que quien envía un mensaje diga algo al que lo recibe; el que recibe debe saber lo que quiere significar el que envía el mensaje. Por lo tanto, lo que se *quiere decir* con lo que se dice es más importante que *lo que* se dice. En la comunicación debemos querer decir lo que decimos y decir lo que queremos decir. Si estos dos factores no están presentes, el diálogo pronto será torcido y los que participan quedarán frustrados.

2. Impresiones

Las impresiones que tenemos el uno del otro afectan cómo oímos lo que se nos dice. Estas impresiones tienen un modo de filtrar lo que el otro ha dicho dando por resultado que oigamos lo que nosotros pensábamos que íbamos a oír, en vez de oír el verdadero mensaje. Con frecuencia nos encerramos tanto en nuestras impresiones del otro que decimos: "Sé lo que estás pensando y sé lo que vas a decir". Y con frecuencia tenemos razón, pero por desgracia en algunas ocasiones estamos equivocados. Se vuelve una gran frustración para una persona el poner pensamientos erróneos en la mente de otro y palabras incorrectas en su boca. La persona siente que le robaron su identidad e integridad. Esta violación de su personalidad ineludiblemente trae tensión dentro de las relaciones.

3. Interpretaciones

Con frecuencia las interpretaciones incorrectas se unen tanto a los motivos como a los mensajes de quien los envía, haciendo que el significado recibido sea tan mutilado que tenga muy poco de común con el significado que se intentaba. Para entenderse el uno al otro, el que envía tiene que interpretarse al que recibe, no a la inversa. Solo el que envía sabe lo que tiene en su mente (y corazón), y cualquier interpretación externa de esta puede desarrollar distorsión. Los padres con frecuencia son culpables de dar sus propias interpretaciones a las expresiones de sus hijos. Cuando uno le dice al otro: "Lo que tú *de veras* quieres decir con esto…" viola su personalidad. A nadie –niño o adulto– le gusta que le interpreten sus motivos o su significado. Es un ataque a su personalidad.

4. Expectaciones

Todos tenemos ciertas y bien definidas expectaciones del otro. Estas expectaciones, que pueden ser positivas y negativas, afectan el modo en que oímos, o el no oír lo que se nos dice. Aquí entran las expectaciones del papel que "esperamos" del hombre y la mujer. Tenemos ciertos patrones en la mente que nos dicen: "Todos los hombres o todas las mujeres deben..." (Complete la frase con 25 palabras o menos). Esta expectación acerca del otro lo encierra en lo que nosotros pensamos que él va a decir o lo que debe decir. *Debe* –esta es una de las más importantes palabras en las relaciones. Es una buena palabra si es un *debe interior;* puede ser una palabra *desastrosa* si se impone sobre el otro desde afuera.

5. Defensas

Todos tenemos defensas sicológicas (en su mayoría inconscientes) que usamos para protegemos de la posibilidad de ser lastimados. La pregunta no es si estamos a la defensiva sino *qué tan* a la defensiva estamos. Personas con un ego débil, los que fácilmente son amenazados y que habitualmente tienen poca capacidad para tolerar presiones o frustraciones, por lo general desarrollan una conducta defensiva intensa. Personas fuertes y con una imagen propia saludable tienen menos necesidad de ser defensivas. El estar a la defensiva no es constante. Esto es, personas que normalmente no están a la defensiva, tal vez periódicamente se vuelvan así debido a circunstancias muy poderosas. Generalizando, sin embargo, las personas tienden a demostrar casi la misma cantidad de defensa día con día porque es una expresión de su madurez emocional.

Estar a la defensiva tiene la tendencia de impedirnos oír mensajes que son una amenaza para nosotros. Así que nos preocupamos tanto en protegernos que no logramos ser objetivos acerca de la comunicación que nos compromete a nosotros en lo personal.

6. Temores

Rollo May y otros se refieren a nuestros días como la "edad de la ansiedad". A la ansiedad se le ha llamado "terror al futuro". El hombre tiene muchos temores, pero nuestro más grande miedo se centraliza en nuestro sentido de identidad y de ser. Aunque tenemos necesidad de ser algo aparte de los otros (teniendo nuestra propia originalidad y nuestro propio valor), tenemos miedo de ser separados de los otros. Todos nosotros buscamos esta identidad-en-relación. En cierto sentido es una paradoja: el querer estar *separado* de alguien mientras deseamos ser *parte* de alguien. Nadie desea ser un rostro borrado entre una multitud; pero, el ser completamente conocido es una amenaza de diferente clase. Así que vivimos en continuo miedo de que no seamos bien conocidos o de que se nos conozca demasiado bien. Esta condición de temor nos evita entrar completamente en un diálogo significativo.

7. Dolores

Cuando hemos sido lastimados por otro, ya sea por diseño o de otro modo, tenemos la tendencia de volvemos extremadamente cuidadosos en explayarnos con otros, particularmente con el que nos lastimó. Algunas personas encuentran casi imposible el explayarse con otros porque han sido lastimados tan profundamente en el pasado, y se oponen a correr el mismo riesgo otra vez. Para mantenerse sin ser lastimado, uno se encierra dentro de sí mismo. Esto asegura el no ser lastimado. No se da cuenta, sin embargo, que este cuidado le es costoso, porque así se asegura que tendrá el sufrimiento final, que es el aislamiento.

8. Preocupaciones

Con frecuencia dejamos de oír lo que se nos dice, simplemente porque nuestras mentes están preocupadas con otros asuntos y el mensaje no se recibe. Todos tenemos la experiencia de que alguien nos habló pero no lo oímos, porque nuestras mentes estaban inundadas con otros asuntos que nos tenían totalmente absortos en ese momento. Cuando hemos sido sacudidos por otro, ya sea verbalmente o de otro modo, vagamente recordamos que lo "oímos" pero fue un mensaje que no tenía sentido porque las "conexiones estaban ocupadas". Los niños y esposos parecen ser los más susceptibles a esta enfermedad, cosa que es motivo de aflicción para las madres y las esposas.

Nos ayudaría bastante si en verdad oyéramos lo que se ha dicho. ¡Y también sería de ayuda si lo que se nos dice vale la pena oírlo!

9. Valores

Algunas veces la comunicación se interrumpe porque el que la envía pone más valor en el mensaje que en quien lo recibe. Lo que pueda ser de gran interés (valor) al que envía tal vez no tenga la misma importancia al que recibe el mensaje. Esto quiere decir que el que comunica sentirá que está siendo rechazado porque su mensaje no se valoriza como él considera. Para que dos personas encuentren diálogo se necesita que las dos se conozcan bien, para que así ellas respondan una a la otra sobre base de intereses mutuos y no solitarios.

10. Factores del momento

En cualquier tiempo del proceso del diálogo, los factores del momento pueden impedir que haya comunicación. Esto tal vez sea algún ruido o alguna otra distracción temporal. Los educadores en las zonas urbanas están muy preocupados con el mucho ruido que afecta adversamente a los estudiantes en su capacidad de oír a sus instructores. Automóviles, camiones de carga, aviones, equipo pesado, todo se roba una gran cantidad del silencio que podría usarse en formas más productivas. En el hogar, el radio, la televisión, la trompeta, la aspiradora, y otros muchos factores pueden ser un obstáculo para el diálogo comprensible entre dos personas.

Recientemente, se celebró una conferencia para educadores. Y un ratoncito al que nadie invitó, llegó a la reunión y periódicamente causó alboroto entre todos los que estaban allí. Cada vez que entraba, el ratón quitaba la atención de los educadores del tema en discusión y por algún tiempo, la comunicación se perdió. ¡El conferencista, un brillante doctor, tomó el segundo lugar en relación al ratón!

Los factores del momento que afectan la comunicación pueden ser múltiples. Para oír tenemos que escuchar; para escuchar, tenemos que dar nuestra atención al que la quiere. Las distracciones del momento pueden desviar la atención de modo que lo que se envía no se reciba.

11. Factores emocionales y físicos

En cualquier tiempo los factores emocionales y físicos pueden afectar al que envía y al que recibe. Por ejemplo, si una persona está desanimada, su plática con otra persona resultará afectada adversamente. O si el que recibe está desanimado, no podrá recibir con claridad el mismo mensaje que se le envía. Y si los dos están tensos emocionalmente, la posibilidad de recibir mensajes con sentido se vuelve muy remota. Los factores físicos como enfermedades, o cansancio, pueden también evitar la buena comunicación del uno al otro. Por regla general, no es bueno intentar "una comunicación intensa" cuando cualquiera de las dos personas está bajo una gran presión emocional o física.

Habiendo examinado todos estos obstáculos, uno se pregunta si es posible que se obtenga comunicación alguna. Esperamos que el lector tome esta pregunta con seriedad; porque si lo hace, no se sorprenderá cuando note que la comunicación se rompe con tanta facilidad. También le ayudaría examinar por qué no hay comunicación cuando se encuentra en un callejón sin salida al hablar con otro.

Problemas de comunicación

Hay varios tipos de problemas de comunicación que las personas tienen que resolver para que sus relaciones se enriquezcan y sean sólidas. Los problemas siguientes, aunque no ofrecen una lista completa, explican mucho de la tensión y crisis que se desarrollan en las relaciones.

l. Comunicación defectuosa

La comunicación defectuosa puede resultar de una conversación inexacta o de haber escuchado mal. A veces es ambas cosas. Con frecuencia las personas no expresan lo que quieren decir. Esto es, la mente piensa una cosa, pero la boca dice otra. Del mismo modo, uno puede "oír" lo que espera oír, de manera que este es el mensaje que se inscribe en la mente del oyente, sin importar lo que en realidad se dijo.

Suposiciones de lo que se dijo, lo que se oyó o lo que se quiso decir, son parte de la gran cantidad de conflictos que resultan en las relaciones. Una pareja en dificultad vino al consejero con muchos problemas que resultaron de una comunicación defectuosa que se había desarrollado entre los dos. Uno de los problemas era de finanzas, ya que aproximadamente la mitad de sus sueldos se usaba para pagar las mensualidades de la casa. Durante el encuentro el consejero descubrió que ninguno de los dos quería la casa en que vivían. ¿Por qué consiguieron una hipoteca que les estaba atormentando financieramente cuando ninguno de los dos quería la casa? La respuesta era fácil: Él pensaba que ella la quería, y ella pensaba que él la quería. Estas suposiciones basadas en comunicaciones defectuosas, habían sido la causa para firmar la hipoteca que los estaba estrangulando financiera y emocionalmente.

2. Comunicación engañosa

La palabra *engañosa* se usa aquí ampliamente: primero, en una forma no moral; y después con una dimensión ética-moral. La comunicación engañosa consiste en no demostrar el uno al otro cómo uno piensa o siente en realidad. Esto quizás aparezca por un momento tener un contenido ético, pero no es siempre así.

A veces las personas usan comunicación engañosa porque tienen *miedo de lastimar al otro*. Por ejemplo, una esposa puede comprar un vestido que le gusta mucho, pero no le gusta a su esposo. Cuando ella le pregunta si le gusta, él quizá responda de este modo: "Ahora sí, que este es todo un vestido, ¿verdad?" Él ha dado una respuesta, pero no ha revelado sus verdaderos sentimientos porque no quiere lastimarla. Su motivo es puro, pero de todos modos, no demostró lo que realmente sentía. Esto es una comunicación engañosa, empleada por temor de lastimar a su esposa.

En algunas ocasiones la comunicación engañosa se emplea porque tenemos *miedo de crear problemas*. Esto es, los esposos saben que si sus verdaderos sentimientos se expresan, pueden dar principio a una situación insoluble en sus relaciones. El no querer "arruinar la cosa", les hace dar una respuesta parcial al otro. Además, esto quizá sea bien intencionado, aunque el método deje mucho que desear. Es mejor atreverse a dialogar acerca de las diferencias que tomar parte en jueguitos. El enfrentado quizás origine algunos conflictos pequeños momentáneamente, pero esto es mejor que formar una relación sobre sentimientos que no son auténticos.

La comunicación engañosa tiene un contenido ético-moral, cuando deliberadamente no se dice lo que uno siente. Algunas veces se hace porque se quiere *cubrir una relación ilícita*. Por ejemplo, un hombre bien puede tener relaciones extramaritales, pero, para engañar a su esposa, le dice cuánto la ama. Él tal vez diga todo lo que es "correcto" decirle, pero lo hace por una razón equivocada. Así que su engaño es de lo peor.

3. No-comunicación (silencio)

Es de preguntarse cómo hay que llamar al silencio cuando es problema de comunicación. En la superficie parece ser nombre equivocado, pero en realidad representa una de las peores clases de problemas de comunicación.

Hay muchas cosas que el silencio "dice". Veámoslas.

a. *"No sé cómo hablar contigo"*. A algunos se les hace muy fácil expresar a otros sus sentimientos más profundos. Con frecuencia esto se debe al modo que fueron creados en su infancia en el hogar. Probablemente fue criado en un ambiente muy "cerrado" y por eso nunca vio ni sintió un ambiente de franqueza. Por regla general, los hombres tienen más dificultad en revelarse que las mujeres. Esto probablemente se deba en gran parte al acondicionamiento cultural; pero otros, incluyendo a este escritor, sienten que los hombres, por naturaleza, tienen la tendencia de ser más herméticos que las mujeres. Aunque las personas francas vienen de los hogares donde hay franqueza (y viceversa), no es raro encontrar a un miembro de una familia que es muy franca, que sea muy reservado. Y también no es raro encontrar una persona franca que creció en un hogar "cerrado".

El silencio también puede decir:

b. *"Tengo miedo de hablarte"*. Esta posición se toma con frecuencia por quien es básicamente una persona pacífica que prefiere el silencio al conflicto. Quien adopta esta posición es una persona débil. Jessica Payne dice que el silencio no es siempre de oro; ¡con frecuencia es cobarde! Esta posición también la puede tomar alguien que aunque no sea débil, está en relación con una persona que es opresivamente dominante. La mejor descripción de "debilidad" en este caso es "flaqueza" comparada con una persona fuerte.

Tanto el "no sé cómo hablarte" como "tengo miedo de hablarte" son formas de silencio pasivo. Esto es, el silencio no es tomado con un móvil ulterior. Son simplemente métodos inadecuados de comunicación debido al modo de ser de la persona con quien se trata o a la naturaleza de la relación misma.

En contraste al silencio pasivo hay un silencio agresivo. Esta clase de silencio "dice":

c. *"No te hablaré".* Esta posición se toma cuando las relaciones han llegado a una crisis. El silencio se usa entonces como para hacer daño al otro. En su forma más débil, esta clase de silencio bien puede decir que aunque la relación en total es estable, hay aspectos que uno (o los dos) no quiere discutir por el dolor emocional que trae consigo el resolver sus problemas.

Se necesita mucho valor para romper las capas del silencio que han causado la separación y el aislamiento. Cuando cesa el silencio, sin embargo, la relación comenzará a reanudarse y a madurar.

4. Comunicación negativa

Cuando una relación se ha deteriorado en gran manera, existe la tendencia entre las dos personas, de "trabar combate" en una gran comunicación negativa. Y esto se hace con un intento deliberado de lastimar al otro. A veces las palabras se usan como cinceles para acabar con la personalidad del otro. El ser lastimado causa un deseo de venganza. De este modo, la comunicación negativa se vuelve un síndrome contraproducente. El uso de las palabras para lastimar al otro es más poderoso de lo que nosotros nos imaginamos. En lugar de ser lastimado con palabras, uno puede ser, de hecho, destruido.

Este estilo de comunicación es extremadamente difícil de cambiar, y en muchos casos trae la relación a un grado de crisis del que quizás nunca se recupere. Con frecuencia, esta relación necesita el talento de un buen consejero si ha de llegar a resolverse.

5. Comunicación superficial

La comunicación superficial trata de los detalles de naturaleza impersonal. Esta es la clase de comunicación que caracteriza a millones de relaciones en los hogares. Tal comunicación involucra enviar y recibir mensajes de una naturaleza racional e impersonal. En esta clase de relación puede haber mucha conversación, pero muy poco en verdad revelado. Este tipo de comunicación carece completamente de sentimientos. Esto quiere decir que dos personas pueden vivir bajo el mismo techo, poseer el mismo apellido, comer en la misma mesa y aun dormir en la misma cama sin que nunca se conozcan el uno al otro. Una mujer que tenía tal relación lo expresó de este modo: "De las personas que conozco, a todas las conozco mejor que a mi esposo".

Es posible que las personas conozcan los hábitos de cada una, sus manerismos, patrones de conversación y aun las reacciones de cada una, sin que en verdad se conozcan la una a la otra. Esto sucede porque las personas nunca en verdad han revelado lo que son, lo que piensan, lo que sienten y lo que quieren decir.

Un consejero le dijo a una pareja cuando salían de su oficina: "Quizá todavía se lleguen a conocer". Cuando regresaron a la semana siguiente, la mujer mencionó: "Pensé mucho acerca sobre lo que usted dijo la semana pasada cuando salíamos de la consulta. Ahora comprendo que usted tenía razón. Hemos estado casados por diez años y durante todo ese tiempo no nos hemos podido conocer". ¿Por qué? Su comunicación había sido solamente superficial, tratando con lo razonable, lo externo y lo impersonal.

La naturaleza de la comunicación

Comunicación es enviar y recibir mensajes, sensaciones, intensiones. Se le ha llamado con varios nombres, como franqueza, transparencia, honestidad, revelación propia o autorevelación. El último, el de exhibirse a uno mismo, es la descripción más precisa de la comunicación, pero desafortunadamente lleva una connotación física sexual que lo hace desagradable a algunos. Como quiera que sea, esto es precisamente lo que es la comunicación: el exponerse el uno al otro para que cada uno sea conocido completamente por el otro. Contrario a la comunicación superficial, el exhibirse a uno mismo, (o revelación de sí mismo) es una comunicación sólida y profunda que llega por debajo del nivel de lo externo, racional e impersonal al nivel del aspecto interno, emocional y personal de nuestro mismo ser.

No llegamos a conocer a la persona solo experimentándola en forma física o racional. Él se da a conocer cuando deliberadamente se revela hacia nosotros. Esto *tal vez* incluya su conducta y lo que piensa; *debe* incluir lo que siente y lo que significa. Esta es precisamente la razón por la que se ha dicho que uno puede vivir con otro en una proximidad geográfica y sin embargo no experimentar intimidad emocional. La reunión de dos mentes es necesaria para un diálogo racional, pero tiene que haber un encuentro de sentimientos si es que la relación quiere ser completamente premiada y satisfactoria.

El exhibirse uno mismo (la revelación del yo) no es cosa fácil de alcanzar. Con frecuencia es peligroso y doloroso. Hasta produce conflicto en algunas ocasiones. Pero es precisamente, el enfrentarnos al conflicto y resolverlo lo que estimula al crecimiento en la relación. Paradójicamente, la misma comunicación que puede producir conflicto se vuelve el medio por el cual se soluciona el conflicto.

Comunicación no es lo mismo que conversación. Aunque la comunicación casi invariablemente incluye conversación, en ningún modo se puede decir que son lo mismo. Ni tampoco hay una relación positiva entre la cantidad de conversación que se da y el nivel de comunicación que se alcanza. Lo ideal, lo que se espera es que la función de la conversación sea revelar, pero también puede ocultar (véase la sección "Problemas de comunicación"). Conversación que no descubre (no revela) a la persona que la hace, no es en verdad comunicación. Ciertamente, algunas personas abrumadas por la ansiedad usan esto como una cortina de humo para esconderse y que nadie los conozca. Otros usan el silencio para el mismo propósito.

Uno de los males del sexo ilícito es que obra bajo el antifaz de intimidad, cuando en efecto, puede estar enteramente lejos de ella a pesar de que se dice que intimidad física es también intimidad emotiva. Por eso es que esos encuentros sexuales son vacíos, usan los medios físicos más dramáticos para simbolizar una relación que no existe. El sexo, en su mejor acepción, es una expresión física de una intimidad emocional. Cuando no existe esta emoción íntima, la expresión física no solo está vacía, sino que no es auténtica. Una esposa dijo: "Nuestros problemas me hacen sentir como una prostituta, que tiene relaciones sin amor".

La desnudez sicológica puede ser más amenazadora para algunas personas que el desnudarse físicamente. El revelarse uno mismo como en realidad es, es lo último de la desnudez. Pero este es precisamente el proceso, que aun que sea doloroso momentáneamente, determina la cualidad de la relación al final de cuentas.

PREGUNTAS PARA ESTUDIO

1. Discuta la declaración: "El proceso completo de la comunicación tiene que basarse en un sentimiento de confianza absoluta en el otro".

2. ¿Por qué es tan difícil obtener ese sentimiento de que dos personas son una emotivamente?

3. Discuta el significado de esta aseveración: "Comunicación no es lo mismo que conversación".

4. Discuta cómo "la comunicación" puede *ocultar* y al mismo tiempo *revelar*.

TAREA

1. Recuerde una ocasión reciente cuando la comunicación se interrumpió en el hogar, y procure determinar *por qué* sucedió.

2. Prométanse usted y su cónyuge, que la próxima vez que se interrumpa la comunicación, el problema se arreglará a satisfacción de ambas partes.

CAPÍTULO VI

Reglas para relaciones correctas

En este capítulo estudiaremos modos para mejorar nuestras relaciones íntimas. Si bien el énfasis principal de este libro ha sido cómo mejorar las relaciones que tenemos con nuestros seres amados, creemos que las direcciones que se han ofrecido aquí son válidas para formar toda clase de relaciones, ya sean íntimas o de cualquier otra clase. En cierto sentido este capítulo será como un sumario del material que se ha estudiado en los capítulos anteriores.

Veremos ahora algunas de las reglas que podemos seguir que nos capacitarán para construir puentes para nuestras relaciones.

Comunicación sólida, no superficial

Como la comunicación es la llave a las relaciones correctas, necesitamos abordar el tema con este asunto importante. Si las personas quieren evitar el seguir viviendo juntas y al mismo tiempo separadas, tienen que aprender que el diálogo es absolutamente esencial para una unión correcta. Ya se ha dicho antes que el estar geográficamente juntos no equivale a que haya unidad emocional. Nuestra necesidad doble de amar y ser amados puede satisfacerse solamente hablando con franqueza y en un profundo nivel de nuestro ser, el uno al otro.

La comunicación superficial no es suficiente. La autoexhibición del yo (la autorevelación) que se requiere para que una persona en realidad conozca, respete y ame a la otra, no puede obtenerse por la clase de conversación que caracteriza la mayoría de las relaciones superficiales. Una mujer dijo a su consejero: "Mi esposo no me oye con su corazón". Tampoco hablaba con su corazón. Este estilo desinteresado de comunicación solo sirvió para separarlos emocionalmente.

Una relación sin comunicación se puede ilustrar en la forma siguiente: Imagínese a una pareja en un gimnasio muy grande en una noche oscura, sin luces, cada uno en calcetines o medias y con una mordaza en la boca. Se concibe que estas dos personas pueden pasarse toda la noche procurando encontrarse, solo para fallar en el proceso. O si se encuentran quizá sea el resultado de un doloroso encuentro, ¡una colisión! Y continuando con la ilustración, la comunicación "prende la luz" revelando el lugar exacto dónde está cada uno. Cuando esto pasa, los dos asuntos más importantes en formar relaciones correctas se revelan: (1) la distancia que los tiene tan separados y, (2) la dirección que deben tomar para que puedan encontrarse.

Esta es la función de la comunicación sólida o a nivel profundo: dejar que cada uno sepa dónde está el otro, para que así ellos sepan cómo reunirse.

En la pared de la oficina de un consejero se puede leer el siguiente letrero: "Las personas se sienten solas porque hacen paredes, no puentes". El levantar paredes será la garantía de una relación sin significado. El edificar puentes mutuamente será un poco difícil, pero promete la única esperanza de escape de la soledad y del aislamiento. Samuel Shoemaker dijo: "No estamos solos ni solitarios porque no seamos amados; estamos tristes y solitarios porque no amamos".

Efesios 4:15 instruye a los cristianos a que hablen la verdad en amor. A veces la verdad nos hiere profundamente. Pero si se habla la verdad "en amor", se diseña solamente para ayudar, no para lastimar. Si podemos hacer esto, nos garantizaremos dos cosas: (1) el contenido de nuestra comunicación será auténtica ("verdad"), y (2) será comunicada en una circunstancia correcta ("en amor"). Ambas son necesarias para asegurar un encuentro saludable.

Comunicaciones positivas, no negativas

Cuando las relaciones han sufrido mucho deterioro, existe la tendencia de que las personas se involucren en una comunicación negativa. Cuando esto pasa, el deterioro aumenta y la crisis se profundiza. La comunicación negativa solamente sirve para revelar lo peor de cada uno, para que haya un tiroteo diario en el "corral donde nada está correcto". Cada uno quiere decirle al otro exactamente lo que piensa y es una declaración que ninguno de los dos está en condiciones de hacer. Se ha dicho que todos los argumentos tienen dos lados, pero algunos no tienen fin o extremos. También se ha dicho que en las discusiones se usan las palabras más fuertes para los argumentos más débiles. Es de sorprender qué tantas faltas encontramos en el otro si nos hemos acondicionado a ver lo negativo. Un hombre dijo de su esposa: "A mí ni siquiera me gusta el modo como ella se corta las uñas".

Una mujer cuyo esposo continuamente la acosaba con negativas, le expresó a su consejero: "Si al menos se sonriera". Con esto quería decir que la atmósfera en el hogar era tan oscura y sombría que un solo gesto de sonrisa en el rostro de su esposo sería como un hermoso amanecer después de una noche oscura. Un hombre casado con una mujer regañona manifestó: "Cuando voy llegando al hogar, me pregunto, '¿Por qué estoy regresando al hogar?'" A muchas personas les da terror el estar en sus propios hogares por el clima tan negativo existente. Se ha contado la historia de un hombre que se enlistó en el ejército solo para estar lejos del constante regañar de su esposa. Aun cuando estaba del otro lado del océano, recibía cartas de ella, ¡regañándolo! Finalmente él le escribió: "Deja de regañarme, para que pueda gozar esta guerra en paz".

Dios nos ha hecho para amar y no para odiar. Cuando intentamos operar nuestros organismos con combustible malo, los efectos se sentirán individualmente en nuestras relaciones. Ningún individuo puede obtener un desarrollo máximo si envía o recibe un material negativo. Con esto no queremos decir que en nuestras relaciones nunca experimentaremos tensiones y conflictos, porque no hay relación que escape todos los vestigios de negativismo. Sin embargo, esto es muy diferente de vivir continuamente en un ambiente plagado de negativismo.

No hay un sustituto para una comunicación positiva. El sabio dijo que una palabra hablada apropiadamente es como una "manzana de oro con figuras de plata" (Proverbios 25:11). Hay un proverbio japonés que dice: "Una palabra de ternura puede calentar tres meses de invierno". ¡Cuán cierto! Necesitamos desesperadamente la afirmación de nuestro valor que solo nuestros seres íntimos pueden brindarnos. Y cuando recibimos el don de una buena palabra apropiadamente hablada, nos satisface al instante. Pero más aún nos satisface continuamente al recordar la palabra de ternura que se nos ha dicho.

A los cristianos claramente se les instruye el no dejarse guiar por el negativismo y la comunicación destructiva: "Quítese de vosotros toda amargura, enojo, ira, gritería y maledicencia, y toda malicia" (Efesios 4:31). Si tomamos nuestra fe cristiana con seriedad y si tomamos la palabra de Dios como nuestra guía para unas relaciones correctas, sabremos que la comunicación negativa no es compatible con la vida cristiana.

Hablando nuestras sensaciones, no actuándolas

Nuestros sentimientos siempre se expresan, sea que los declaremos o no. Esto es, nuestros sentimientos nunca se nos quedan "adentro", aunque no hablemos de ellos. Algunas personas piensan que el modo de resolver los sentimientos negativos es el no decir nada acerca de ellos y así se solucionarán. Por cuanto sus sentimientos no se expresan, se cree que desaparecerán. Esto no en la realidad no ocurre.

Los sentimientos no expresados pueden resultar en varias clases de enfermedades físicas. Se ha estimado que cerca de la mitad de las personas que están en el hospital no tienen base para una enfermedad orgánica. Tienen muchas clases de enfermedades físicas para las cuales no se conoce una razón médica. Pero los males *sí* existen, y causan en sus cuerpos bastante dolor. Y aunque no podemos decir que todas estas personas están sufriendo físicamente porque no han resuelto satisfactoriamente sus sentimientos negativos, es bien claro que muchas de ellas están en el hospital por esa misma razón. Los sentimientos que no se hablan son causa de dolores de espalda, dolores de piernas, dolores de estómago, úlceras, y aun vómito y diarrea, además de otras muchas enfermedades.

Los sentimientos sumergidos también causan un sinnúmero de enfermedades emocionales. La depresión es una de las más comunes. Por supuesto, no todas las depresiones se pueden atribuir a la inhabilidad de tratar apropiadamente con sentimientos negativos, pero algunas sí. La depresión con frecuencia es el resultado de alguna pérdida que la persona ha experimentado. La pérdida de algunas relaciones es una de las más grandes pérdidas. Cuando falta la relación íntima de uno y no puede enfrentarse al problema hablando de ello, puede ser la pérdida más grande. En muchos sentidos la pérdida del amor en una relación, es peor que la pérdida del amor por muerte. Cuando la muerte llega a una relación, hay uno que muere y otro que sobrevive. Cuando llega la muerte en las relaciones, hay dos que sobreviven y dos que se quedan a sufrir. La manera de "trabajar con su pena" por el que pasa una persona que ha perdido a un ser amado, no la tiene a su alcance quien

89

pierde un amor en una relación. Este "pesar" se sumerge porque no se puede expresar con palabras. Por tanto, entra al sistema de sensaciones y después se expresa en forma no verbal mediante la depresión o por alguna otra molestia emocional.

Algunas personas con frecuencia sustituyen la conducta de sentimientos por la declaración de los sentimientos. La conducta de los sentimientos es un sustituto pobre porque las acciones que resultan de los sentimientos que no se hablan, quizás no tengan ninguna conexión reconocible con los sentimientos mismos. Por ejemplo, una esposa quizás se disguste mucho con su esposo por sus fallas en hacer cualquier tarea como ella quiere que él haga. Esta falla le traerá desilusión, pero en lugar de decirle lo que siente, ella quizás "actúe" sus sentimientos negativos siendo fría y silenciosa. Su esposo notará que hay algo malo, pero no sabrá qué es. Como un paciente dijo: "Mi problema es que no sé cuál es mi problema". Esto hace el asunto muy difícil, si no imposible de tratarlo, porque el problema no se puede localizar. El esposo, sabiendo que algo anda mal, bien puede preguntar: "¿Qué es lo que pasa?" y si ella no ha aprendido a expresar lo que siente, puede contestar "nada" (con su rostro fijo en otro lado y su nariz respingada). Cualquier esposo sabe que tal "nada" quiere decir algo.

La Biblia reconoce el peligro que enfrentamos al no expresar nuestros sentimientos. Se nos ha enseñado que no se "ponga el sol sobre vuestro enojo" (Efesios 4:26). Dios sabe que aunque las personas pueden experimentar y experimentan enojo, no deben dejar que su enojo se disimule, o que no hablen de ello ni traten de resolverlo.

Hay una diferencia entre el sol que se pone en un problema y el sol que se pone en la ira que es parte del problema. Quizás el problema dure muchos crepúsculos, pero la ira relacionada con el problema que la originó no ha de sobrevivir para ver la próxima caída del sol. Para que esto suceda, debemos aprender a tratar

REGLAS PARA RELACIONES CORRECTAS

pronto y apropiadamente con nuestros sentimientos. Y al hacerlo aclararemos la situación para que el problema se pueda ver en su perspectiva adecuada.

La esposa de uno de los personajes de Robert Burns tenía la culpa de "atender a su ira para mantenerla calentita". Los sicólogos se refieren a esto como "sentimientos en un costal". Cuando el costalito está lleno de sentimientos se reventará y lo que salga de él será una sorpresa para ambos. Enfocar los sentimientos pasados sobre situaciones presentes es una indicación segura de que desde el principio los sentimientos no se trataron adecuadamente.

Relacionando, no reaccionando ni retirándose

Puede volverse muy difícil relacionarse con personas en forma que tenga algún sentido o satisfacción. Es más fácil el reaccionar *hacia* ellos o el *retirarse* de ellos.

Cuando las personas reaccionan una a la otra, es una indicación de que han aprendido a entenderse mutuamente. Schopenhauer contó una fábula de dos puercos espines que ilustra el estilo reaccionario que algunas personas han adoptado. Dijo que dos puercos espines estaban con mucho frío a la intemperie, pero que, cuando querían acurrucarse para calentarse, con sus espinas dolorosamente se punzaban el uno al otro. Cuando se retiraban para huir del dolor, sentían el frío una vez más.

Muchas personas casadas pueden identificarse con la fábula de Schopenhauer sobre los puercos espines. Conocen el dolor del aislamiento; y también saben el dolor que se produce con la proximidad. Así que se pasan toda su vida en un proceso de tener frío, herirse con las espinas y tener frío por la inhabilidad de relacionarse correctamente la una con la otra.

Cuando las personas reaccionan una con la otra, dejan de distinguir entre la guerra y el campo de batalla. Los campos de batalla en los que las personas pelean sus guerras son aparentemente ilimitados, pero las razones de la guerra son generalmente limitadas.

En la II Guerra Mundial algunas de las batallas más terribles del Pacífico sucedieron en las islas que eran de valor solo en sentido militar. Siendo así, pelearon *en* las islas, no *por* las islas. Lo mismo pasa con los conflictos interpersonales. Tenemos que aprender el *porqué* de la guerra, no sea que uno de sus campos de batalla deje muertos a los dos que en verdad no querían pelear. Un hombre hizo esta observación: "El matrimonio se puede realizar en el cielo, pero también los truenos y los relámpagos". ¡Qué revelación de su propio matrimonio! Vance Havner nos recuerda que algunos pleitos se pierden aunque se ganen. Él dijo: "Un perro buldog puede darle una golpiza a un zorrillo pero no vale la pena".

Hace tiempo, el *Catholic Digest* informó que el ensayo de una niña de ocho años de edad acerca de los cuáqueros decía esto: "Los cuáqueros son muy sumisos, son personas quietas, nunca pelean ni discuten. Mi padre es un cuáquero pero mi madre no lo es". Ella sin duda era como la esposa de un hombre quien le preguntó al dependiente de un hotel: "¿Tiene usted algún cuarto en el cual pueda soportar a mi esposa?"

El reaccionar en lugar de relacionarse, hace mal tanto al individuo como a la relación de la cual es parte. Para algunas personas que están divididas por causa de diferencias se necesitará la obra mediadora de gracia de Cristo para que la armonía sustituya la falta de unidad. Esto fue lo que pasó en la larga y profunda división entre los judíos y los gentiles en los tiempos del Nuevo Testamento. Ellos estaban separados y divididos por raza, religión y temperamento; pero Cristo derribó la pared intermedia trayendo paz donde había discordia (Efesios 2:14). Si su gracia puede hacer esto por dos grupos divididos y tan diferentes como lo eran ellos, de seguro su gracia puede traer unidad entre dos personas que en realidad quieran relacionarse entre sí.

Otro sustituto inferior que ofrecemos en vez de relacionarnos es el de retirarnos el uno del otro. *Retirarse* se usa aquí en el sentido emocional no geográfico de la palabra. Retirarse de la otra persona porque hay problemas en su relación se basa en la falacia de que corriendo de sus problemas, ellos se resolverán. No solamente no sucede esto, sino que el problema tiende a agrandarse porque no se ha obtenido su solución.

Algunos, en su inocencia creen que la ausencia de pelea significa paz. Durante el conflicto en Vietnam, hubo algunos días cuando casi no se oían los tiros. Esta ausencia de batalla, sin embargo, no se interpretaba por ambos lados como que la guerra ya había terminado y que había llegado la paz. Solo se trataba un descanso temporal de hostilidad.

Un hombre rico le confesó a su consejero que había comprado un negocio subsidiario en otro estado por $ 250,000 para tener una excusa legítima para estar lejos de su esposa una gran parte del tiempo. No necesitaba el dinero de ese otro negocio; solo necesitaba un descanso de sus muchos problemas. Falló al no darse cuenta de que correr de sus problemas solo lograría que se profundizaran más.

La palabra de Dios nos enseña muy claro que debemos trabajar constantemente en formar relaciones significativas. Efesios 4:3 dice que debemos *persistir* (trabajar duro) para "guardar la unidad del Espíritu en el vínculo de la paz". Esto no puede hacerse si las personas corren de sus problemas. Por el contrario, tienen que estar dispuestas a acercarse a sus problemas y la una a la otra.

Atacando los problemas, no al consorte

Es más fácil el atacarse el uno al otro que atacar los problemas. Pero la conducta de desquitarnos, o atacar a la otra persona nos garantiza dos cosas: (1) los problemas se agrandan, y (2) las personas se hacen más pequeñas. Así que hay menos recursos para tratar con los problemas.

Es cierto que a veces se suscitan problemas entre dos personas.

El error que debemos evitar es pasar por encima el problema y atacar a la otra persona. Y con tan inapropiado estilo de relacionarse, se garantizará la mayor profundidad del conflicto. El atacarse el uno al otro solo sirve para causar una imagen falsa del problema al desviar la atención hacia el que se cree que es el causante del problema y así, alejarse del mismo problema.

Desafortunadamente, el atacar personas en lugar de problemas es algo que puede suceder tanto en las iglesias como en los hogares. Cuando esto sucede, la amistad se termina, las relaciones sufren nueva tensión, y el Espíritu Santo es contristado. Pronto se pierden las razones originales del conflicto en cuestiones puramente personales. El doctor Hardy C. Powers dijo que había estado en un hogar donde un hombre le contó cómo la iglesia se había dividido por esta pregunta "importante": "¿Debemos poner el piano en la plataforma o en el piso del santuario?" Cuando el doctor Powers le preguntó al hombre qué lado había tomado, ¡el hombre se había olvidado! Llamó a su esposa que estaba en la cocina y le preguntó: "Querida, cuando tuvimos todo ese lío acerca del piano, ¿de qué lado estábamos nosotros?"

Puede usted estar seguro que en ese caso, había algo más que la situación del lugar para el instrumento. Ese asunto tan pequeño se había convertido en un campo de batalla para una guerra comprometiendo a personas, no tanto al piano. Esto nos puede pasar también en nuestras relaciones íntimas. Fallar al enfocar el problema, nos hace que la otra persona sea el blanco. Las energías síquicas necesarias para tratar la realidad con las diferencias son mal dirigidas hacia maniobras defensivas para evitar ser lastimados. Cuando uno ha sido atacado, no tiene la disposición ni los medios para comprometerse en más aventuras constructivas. Una vez más, vemos que se necesita la gracia mediadora de Cristo que pueda hacer de ambos uno, haciendo la paz (Efesios 2:14-15).

Enfrentando el conflicto con franqueza, y no indirectamente

Algunos cristianos tienen gran dificultad en admitir que tienen alguna dificultad en sus relaciones. Esta indisposición o incapacidad (cualquiera que sea) tiende a complicar las tensiones cuando comienzan porque las tensiones no son reconocidas tal como son. Nunca confíe en la persona que dice que ha estado casada por años y nunca ha tenido una falta de entendimiento con su cónyuge. ¡Cualquiera que mienta, también puede robar! El negar los problemas interpersonales lo hace a uno vivir en un paraíso de tontos, pero los pagos de la hipoteca del castillo son horrorosos.

Cuando el conflicto llega, los cristianos con frecuencia dan cualquiera de dos desafortunadas respuestas. Por un lado, pueden admitir el conflicto y apartarse de la fe *por causa* del conflicto. Por el otro lado, pudieran negar la existencia del conflicto porque sicológica y espiritualmente es una amenaza.

¿De dónde salió la creencia de que los cristianos no tienen conflictos? No se sabe con seguridad. Podemos estar seguros, sin embargo, de que esto no proviene de la Biblia. Algunas de las mejores personas han tenido conflictos. Por ejemplo, Pablo y Bernabé tuvieron un conflicto profundo sobre si habían de llevar a Juan Marcos en un viaje misionero. ¡Pablo y Bernabé! De quien menos esperaría la gente conflictos. Pablo, el más grande predicador y misionero que la iglesia haya tenido, y Bernabé de quien las Escrituras dicen que "era varón bueno, lleno del Espíritu Santo y de fe" (Hechos 11:24). Pablo y Pedro una vez tuvieron una gran discusión, y Pablo escribió que "le resistí (a Pedro) cara a cara porque era de condenar" (Gálatas 2:11).

Esto no implica que Dios se solace en los conflictos de las relaciones interpersonales. Claro que no. Pero sí reconoce que el conflicto puede ocurrir; por tanto ha llenado su Palabra con principios y preceptos que nos ayudarán a vivir como cristianos el uno con el otro.

El problema no es *si* los cristianos tendrán conflictos. Los tendrán. La cuestión es cómo manejar los conflictos que resultan. Debemos decir que mientras más parecidas a Cristo sean las dos personas, menos serán las posibilidades del conflicto. Pero aunque el conflicto sea menos, es casi seguro que no desaparecerá. No olvidemos que el tesoro está en vasos terrenales (2 Corintios 4:7).

Cuando no confrontamos el conflicto con franqueza, se le tiene que tratar indirectamente. Esto es, el conflicto estará presente en forma de un temperamento fuerte, palabras hirientes, conducta guiada por los sentimientos, silencio, negativismo y muchas otras manifestaciones inapropiadas. Cuando esto sucede, no podemos tratar con el conflicto mismo sino con las manifestaciones de actitud y de conducta que ello implica. Siendo de ese modo, la posibilidad de hallar la solución satisfactoria de la dificultad será remota.

Perdonando, no juzgando

Uno no puede leer el Nuevo Testamento sin confrontar el tema central del perdón. Desafortunadamente, con frecuencia hemos limitado el alcance de este maravilloso concepto hasta el grado que nada más significa venir a Dios en la experiencia de la conversión. De hecho, esto representa el meollo del concepto del perdón. Sin embargo, si lo limitamos a esta dimensión solamente –la relación Dios con el hombre– le robamos su significado más profundo que también incluye la relación de hombre con hombre.

Jesús afirmó que no hay tal cosa como "una religión solitaria", una religión que solo tiene que ver con el encuentro del hombre con Dios. Él vio el perdón como algo que opera en dos direcciones: entre Dios y el hombre y entre hombre y hombre. De hecho, Jesús dijo que el perdón de Dios para nosotros se determinará por el perdón que nosotros le demos a otros. Sus palabras son devastadoras. "Mas si no perdonáis a los hombres sus ofensas, tampoco vuestro Padre os perdonará vuestras ofensas" (Mateo 6:15). Esto acaba con la falacia de que uno puede ser un cristiano aislado. No somos cristianos en aislamiento, solamente en relación. Algunas personas tienen problemas con la dimensión *Dios* de su cristianismo porque no le han dado la atención apropiada a su dimensión *hombre*.

¿Qué le dice todo esto a nuestras relaciones? Dice que el perdón que esperamos de Dios tiene que ser reflejado en nuestro perdón a otros. El juicio o crítica no tiene lugar en la vida del cristiano. Como dijo Samuel Shoemaker: "El juicio congela; el amor derrite". La forma más rápida para que una relación se infecte es inyectarle crítica. El veneno de la crítica hace pronto su trabajo, amenazando la vida misma de la relación. Alguien ha dicho: "cuando confieso las faltas de otros, declaro guerra. Cuando confieso mis faltas, hago la paz".

El juicio es la tarea de Dios; perdonar es la nuestra. No podemos hacer la tarea de Dios y él no hará la nuestra. Millones de relaciones podrían cambiar de la noche a la mañana si el juicio cesara y se perdonara, porque este es el modelo de Dios para las relaciones correctas.

Hay una sicología cristiana de por medio en este asunto del perdón. El juicio es un asalto del carácter de otro. Es evaluar el valor de uno basándose en la percepción del otro. Es medir un motivo por un conocimiento limitado e inadecuado. No podemos saber el intento en el corazón de la otra persona. Y tampoco podemos correctamente tasar el significado de la conducta de otro. Solo Dios puede hacer esto. Por el otro lado, perdonar deja el juicio a Dios. El perdón busca remendar las relaciones rotas. Busca ver a la persona como Dios la ve, como una persona de un valor infinito. Busca enfocar sobre lo que uno puede hacer por otro, no en lo que se ha hecho a él.

No carecemos de modelo en el asunto de perdonar. Recordemos que nuestro Señor vio desde la cruz a los rostros de los que lo pusieron allí y dijo: "Padre, perdónalos". Si Jesús hizo esto cuando le hicieron lo peor, ¿no podremos nosotros perdonar algo mucho menor que nos hayan hecho?

Al concluir este estudio, consideremos dos versículos que ofrecen un contraste: Efesios 4:31-32. El primero nos dice qué no hacer: "Quítense de vosotros toda amargura, enojo, ira, gritería y maledicencia, y toda malicia". El dejar de hacer estas cosas restaurará muchas relaciones. Pero el hacer las cosas que se incluyen en el versículo 32 transformará las relaciones: "Antes sed benignos unos con otros, misericordiosos, perdonándoos unos a otros, como Dios también os perdonó a vosotros en Cristo".

Estas reglas para las relaciones correctas representan una norma alta para las personas. En verdad, son demasiado altas para poder obtenerse solo por un esfuerzo humano. Por eso se nos instruye a ser llenos del Espíritu (Efesios 5:18). Cuando nuestras vidas estén entregadas al Espíritu Santo, tendremos la capacidad para vivir en amor. Este es el secreto de la *Armonía en el hogar*.

PREGUNTAS PARA ESTUDIO

1. Cuando sufrimos un conflicto, ¿por qué tenemos la tendencia de atacar a nuestro cónyuge y no a los problemas?

2. Discuta lo que quiere decir esta expresión: "Las personas se sienten solas porque hacen paredes y no puentes".

3. ¿Qué es lo que quiere decir Efesios 4:15 cuando nos enseña a hablar la verdad en amor?

4. ¿Qué es lo que hace que un hogar sea cristiano?

5. ¿Es el normal el conflicto en un hogar cristiano?

6. ¿Cuáles son las causas más grandes de conflicto en el hogar?

7. ¿Cómo deben tratar los cristianos el conflicto en el hogar?

TAREA

1. Piense en la calidad de su comunicación en el hogar y procure determinar si está en el nivel de comunicación que forma buenas relaciones.

2. Procure descubrir si ha desarrollado el hábito de actuar sus sentimientos antes que expresados.

3. Lea Efesios 4:31-32 y note el gran contraste que se describe en los dos versículos. Pídale a Dios que lo ayude a eliminar lo que se describe en el v. 31 y a incorporar lo que se describe en el v. 32.

BIBLIOGRAFÍA

Anderson, Ken, ed. *The Family That Makes It*. Wheaton, Ill.: *Victor Books, 1971.*

Arnold, Milo L. This Adventure Called Marriage. Kansas City: Beacon Hill Press, 1966.

Ausburger, David W. Caring Enough to Confront. Glendale, Calif.: Regal Books, 1973.

Belgum, David. *Alone, Alone, All, All Alone. St. Louis: Concordia Publishing House, 1972.*

_____. *Engagement. St. Louis: Concordia Publishing House, 1972.*

Bell, A. Donald. The Family in Dialogue. Grand Rapids, Mich.: Zondervan Publishing House, 1968.

Brandt, Henry R., y Dowdy, Homer E. *Building a Christian Home.* Wheaton, Ill.: Victor Books, 1960.

Bovet, Theodor. A Handbook to Marriage. Garden City, N. Y.: Doubleday and Co., 1960.

Chesser, Eustace. Love Without Fear. New York: New American Library, Inc., 1947.

Christenson, Larry. The Christian Family. Minneapolis: Bethany Fellowship, 1970.

Clinebell, Howard J., y Clinebell, Charlotte H. *The Intimate Marriage.* New York: Harper and Row, Publishers, 1970. Dobson, James. *Dare to Discipline. Glendale, Calif.: Regal Books, 1972.*

_____. *Hide or Seek.* Old Tappan, N. J.: Fleming H. Revell Co., 1974.

_____. *What Wives Wish Their Husbands Knew*

About Women. Wheaton, Ill.: Tyndale House Publishers, 1975.

Hansen, Paul. *Newlyweds. St. Louis: Concordia Publishing House, 1972.*

Hendricks, Howard G. *Heaven Help the Home! New York: Berkley Publishers, 1975.*

Howe, Reuel L. *The Miracle of Dialogue.* New York: The Seabury Press, 1963.

Hulme, William E. *Building a Christian Marriage. Minneapolis: Augsburg Publishing House, 1965.*

_____. *Firstborn. St. Louis: Concordia Publishing House, 1972.*

Jewett, Paul K. *Man as Male and Female.* Grand Rapids, Mich.: William B. Eerdmans Publishing Co., 1975.

Jourard, Sidney M. *The Transparent Self.* Princeton, N. J.: D. Van Nostrand Co., Inc. 1964.

Kardatzske, Carl. *The Home Christian.* Anderson, Ind.: Warner Press, 1951.

Mace, David y Mace, Vera. *We Can Have Better Marriages.* New York: Abingdon Press, 1974.

McDonald, Cleveland. *Creating a Successful Christian Marriage.* Grand Rapids, Mich.: Baker Book House, 1975.

Miles, Herbert J. *Sexual Understanding Before Marriage.* Grand Rapids, Mich.: Zondervan Publishing House, 1971.

Narramore, Bruce. *Help! I'm a Parent.* Grand Rapids, Mich.: Zondervan Publishing House, 1975.

Narramore, Clyde. *How to Succeed in Family Living.* Glendale, Calif.: Regal Books, 1968.

Osborne, Cecil G. *The Art of Understanding Your Mate.* Grand Rapids, Mich.: Zondervan Publishing House, 1970.

Petersen, J. Allan, ed. *The Marriage Affair.* Wheaton, Ill.: Tyndale House Publishers, 1971.

Powell, John. *Why Am I Afraid to Love? Niles, Ill.: Argus*

Communications, Inc., 1967.

       _____. *Why Am I Afraid to Tell You Who I Am? Niles, Ill.: Argus Communications, Inc., 1969.*

    Tournier, Paul. To Understand Each Other. Richmond, Va.: John Knox Press, 1971.

    Wright, H. Norman. *Communication: Key to Your Marriage.* Glendale, Calif.: Regal Books, 1974.